WOLFRAM MEIERHÖFER

RELIGION ZWISCHEN WAHRHEIT UND EMOTIONEN

AF239939

wer denken kann, kann auch glauben

wer nicht denkt, kann nur glauben

wer stoppt die hässlichen Religionskriege?

Wolfram Meierhöfer

Religion

zwischen

Wahrheit und Emotionen

Persönliche Notizen?

Inhalt

Vorwort

Im Verlauf der Jahre haben mich immer wieder Gedanken zum <u>Sinn und zur Aufgabe unseres Lebens</u> beschäftigt, wirr durcheinander, voll von Widersprüchen und vielen offenen Fragen. Spontan, oft aber auch ohne besonderen Anlass, habe ich das eine oder andere Buch gesucht und gelesen, Diskussionen geführt oder zugehört. Die angesprochene Thematik wurde dadurch zumeist nicht viel klarer, aber meine <u>Fragen</u> wurden tiefgründiger und Zusammenhänge erkennbar. Im vorliegenden Aufsatz, einer Meditation, einer Auflistung von noch nicht zu Ende gedachten Notizen, einer Auslegeordnung, möchte ich versuchen, für mich eine Systematik in diese Gedanken zu bringen und daraus allfällige Lehren ziehen. Wenn meine Gedanken schriftlich festgehalten und in etwa geordnet sind, dann ist mein Speicher im Hirn wieder frei für neue Gedanken und das Geschriebene kann kritisch überdacht werden! Viele Ideen werden angeführt, aber nicht ins Detail ausformuliert, <u>um die Gesamtsicht zu wahren</u>; sie bleiben oft als „flashes" bestehen. Für diese Zielsetzung sind auch einige Vereinfachungen oder Verallgemeinerungen unumgänglich.

Meine Gedanken aus der Sicht eines religiös interessierten Laien bewegen sich zwischen Philosophie und Religion (wobei es gemäss Wikipedia keine wissenschaftliche Definition von Religion geben soll). Wie viele Leute sind heute noch aktiv praktizierende und insbesondere linientreue Christen? Die Zugehörigkeit zur Religion ist für eine Mehrheit – dem Kirchenbesuch nach zu schliessen – nur noch eine Formsache. Man braucht sie für Taufe, Hochzeit und Begräbnis. Für einige sind Weihnachten und Ostern noch wichtige Kirchenfeste. Was machen Kirchen falsch? Änderungen erfolgen heute insbesondere in der Gestaltung des Gottesdienstes, also im rein formalen emotionalen Bereich und sehr wenig im intellektuell erfassbaren Bereich. Ist das der richtige Weg?

Hässlich und absolut unverständlich sind die vielen <u>Religionskriege</u> auf dieser Welt. Diese gilt es zu stoppen und künftig zu verhindern!

Die im Aufsatz verwendeten Begriffe erheben niemals Anspruch auf Wissenschaftlichkeit; sie werden unter Wissenschaftern oft auch unterschiedlich und widersprüchlich angewendet; in diesem Aufsatz sollen sie als leicht verständliches Vehikel zum Transport von Auffassungen und Vorstellungen dienen. Ich lasse mich nicht ein in philosophische Streitigkeiten über Begriffe; und Begriffe, die weiter gefasst werden sollen, werden zumeist in Anführungszeichen oder neben ähnliche weitere Begriffe gesetzt. Die Beschreibung von Fakten erhebt keinen Anspruch auf Wissenschaftlichkeit; es wurde nicht wissenschaftlich recherchiert. Dieser Aufsatz ist auch nicht als analytische Arbeit zu verstehen; es ist reine Empirie aus meinem Leben, die Sicht eines profanen Laien.

Ein nächster und logischer Schritt nach diesem Aufsatz mit seinen vielen Fragen wäre eine analytische Aufarbeitung und die Erarbeitung von Lösungsansätzen! Am wirkungsvollsten wäre das Mitdenken und Mitwirken der Basis, der Gläubigen, ein Demokratisierungsprozess.

Vieles wird nie einer Lösung zugeführt werden können; aber was bleiben wird ist mein vertieftes Staunen vor den Werken des Schöpfers, die ich aus naturwissenschaftlicher Sicht in meinem Leben etwas näher kennen lernen durfte. Ebenso empfinde ich ein tiefes Bedürfnis zu einem einfachen, kindlich naiven Dank an diesen nicht vorstellbaren Planer und Schöpfer.

Die Anlage dieses Aufsatzes führt dazu, dass gewisse Aussagen mehrfach erscheinen, aber in anderem Zusammenhang, oder in verschiedenen Kapiteln weitergeführt werden. Sie dienen damit der Argumentation für mehr als nur eine Aussage in verschiedenen Kapiteln.

Zuerst wird versucht, das Leben des Menschen auf unserem Planet Erde und im gesamten Universum einzuordnen. Danach folgt seine Einordnung im Rahmen der Evolution innerhalb der am weitesten entwickelten Lebewesen. Die Einsicht über den unausweichlichen Tod führt den Menschen zu den fundamentalen Lebensfragen und nach dem Transzendenten in den Bereich der Religion. Eine Hoffnung bestimmt weitgehend das Leben, allerdings auf verschiedensten Wegen, je nach Religionszugehörigkeit und Einfluss dieser Religion. Dieser Teil soll etwas vertiefter studiert werden, insbesondere die Bedeutung der Bibel.

Literatur - Lebenserfahrung

Im Verlauf von Jahren haben unzählige Bücher, Artikel in Zeitschriften und Periodika, Diskussionen mit Personen verschiedener Orientierung, Ethnien, Erziehung und Alter neben meiner Erziehung und Ausbildung meinen Lebenslauf, meinen Charakter, aber auch meine Ansichten und mein Urteil beeinflusst. Aus der jüngeren Vergangenheit sind mir noch einige Werke in Erinnerung, wobei diese nur beispielhaft und nachfolgend in arbiträrer Reihenfolge aufgeführt werden:

- „Nein und Amen" von Uta Ranke Heinemann
- Prof. Hans Küng: Diverse Schriften
- „Ein Messias aus Galiläa" von Paul Joseph Weiland
- „Zwischen Wahn und Sinn" von Georg Schmid
- „Wo hat Prometheus das Feuer versteckt" von Kenneth C. Davis

Die angegangene Problematik erlaubt in ihrer Vielseitigkeit und Komplexität keine konkrete Zuweisung auf einzelne angeführte Literatur; was nicht heisst, dass ähnliche Darstellungen wie in der angeführten Literatur (i.d.R. gekennzeichnet) vorkommen können.

Doch noch wichtiger als die vielen Bücher sind mir meine Lebenserfahrungen, die durch viele Kontakte mit Menschen verschiedener Ethnien, Religionen und in verschiedensten Situationen meines Lebens entstanden sind; ich habe Vieles dabei gelernt.

Erstausgabe Sommer 2012
überarbeitet Frühjahr 2014   Wolfram Meierhöfer

DIE SCHÖPFUNG

Weltbild bei Entstehung von Religionen

Schon zu Urzeiten erkannten die Menschen höhere Mächte, welche ihr Leben und die sie umgebende Natur beherrschten. Sie suchten Kommunikation mit ihnen über Rituale und Feiern und schufen so „Vorläufer" von späteren Religionsgemeinschaften.

Zur Zeit der Entstehung der grossen Religionen herrschte ein ganz anderes Weltbild vor im Vergleich zum heutigen Wissen. Die Erde war eine Scheibe, im Westen beispielsweise die Länder rund um das Mittelmeer. Darüber spannte sich das „Himmelszelt" mit den Sternen, der täglichen Fahrt der Sonne am Himmel von Ost nach West und dem veränderlichen Mond. Der Himmel war der Ort der Götter, der Naturkräfte und unter der Erde war das Reich der Toten. Die Menschen lebten geführt in Sippen, und grössere Gebiete wurden durch Eroberungen zu Staaten oder gar zu Reichen. Die meisten Menschen lebten als Untertanen und nur wenige gehörten zur zumeist reichen Führungsschicht. Nur diese profitierte von Bildung und Information. In diesem Umfeld ist es leicht verständlich, dass die Beziehung zu Gott oder den Göttern ähnlich funktionieren sollte wie auf der Erde. Und diese Vorstellung ist bis auf den heutigen Tag in den grossen Religionen und teilweise bei Freikirchen erhalten geblieben. Im Gebet, das Jesus zugeschrieben wird, dem „Vater Unser / Unser Vater" deutet der Absatz: „Dein Reich komme..." in diese Richtung. Es zeigt eine sehr menschliche und weltliche Vorstellung von Gott, als ein König oder ein Fürst, der über allen anderen Königen steht und eben regiert wie ein menschlicher Regent.

Heute wissen wir, dass die Erde ein kugelförmiger Himmelskörper, ein Planet ist, der mit etlichen anderen unsere Sonne umkreist. Naturkatastrophen sind nicht das Werk von erzürnten Göttern. Selbst die Sonne ist nur ein Stern unter Billionen von anderen Sternen. Die Sterne sind milliardenweise als Sternhaufen, als Galaxien, zusammengefasst.

Fundament

Gott plante und schuf aus der Unendlichkeit und aus dem Nichts:

* Raum – Universum / ? Multiversum
* Materie / Energie
* „Naturgesetz(e)"; Auslösung des Urknalls mit anschliessender Evolution des Universums
* Zeit mit Anfang und Ende (Geburt und Tod für Alles, auch Himmelskörper, für alle Zyklen)
* Leben kann (bis heute) nur von Lebewesen weitergegeben, aber nicht ab initio geschaffen werden, obwohl die dazu notwendigen chemischen Substanzen und Strukturen bekannt sind.

Auf einen Gottesbeweis, nämlich mit Hilfe der Vernunft eine Existenz von Gott zu beweisen, möchte ich mich gar nicht einlassen. Diese überflüssige Diskussion ist rein philosophischer Art, pseudowissenschaftlich und endet in einer Sackgasse; sie ergibt Zirkelschlüsse. Dieses Fundament beeinflusst natürlich auch den menschlichen Intellekt und damit seine begrenzte Denkweise.

Ein kurzer Exkurs ins Universum soll uns die unermessliche Grösse und Intelligenz Gottes, des Schöpfers vor Augen führen.

Universum

Um das Wesen Mensch besser zu verstehen und korrekt abzubilden, zu beschreiben, ist seine Einordnung im Universum und auf dem Planet Erde hilfreich. Die gewaltigen und unvorstellbaren Grössenverhältnisse des Universums und seines Schöpfers sollen aufgezeigt werden, und ebenso die Zeitverhältnisse.

Grössenordnungen

Die riesigen Distanzen im Universum werden statt in Kilometern in Lichtzeiten angegeben. In 1 Sekunde könnte ein Lichtstrahl die Erde mehr als 7 mal umrunden. Ein Linienpilot kann mit seinem Flugzeug in 9 Stunden von Zürich nach New York gelangen und hat noch nicht einmal einen Fünftel des Erdumfangs überflogen. Falls einst ein Raumschiff mit 1000-facher Schallgeschwindigkeit (aus heutiger Sicht utopisch und niemals erreichbar!) fliegen sollte (z.B. um anderes Leben zu suchen), so dauerte dies bereits über 4000 Jahre nur bis zu unserem nächsten Fixstern unserer Milchstrasse, dem Proxima Centauri. Ein Lichtstrahl Erde – Mond benötigt etwas mehr als 1 Sekunde und von der Sonne zur Erde braucht ein Lichtstrahl etwas über 8 Minuten. Der nächste Nachbarstern zur Sonne ist etwa 4 Lichtjahre entfernt. Dazwischen ist der Raum luftleer und dunkel bei Temperaturen bis nahe an den absoluten Nullpunkt von – 272 °C und demnach lebensfeindlich. Auf der Sonnenoberfläche existieren Temperaturen von rund 6000 °C, d.h. alle bekannten Stoffe gehen in den Gaszustand über oder werden gar zersetzt zu Atomen mit niederer Ordnungszahl. Im Innern der Sonne herrschen Temperaturen von rund 10 Millionen °C.

Die Entstehung des Universums wird durch den Urknall vor etwa 14 Milliarden Jahren angenommen. Aus einer gigantischen Gaswolke entstanden Sterne und diese wiederum formten sich zu Sternhaufen, den Galaxien. Die damit ausgelöste Entwicklung/ Evolution könnte mit einem Dominoeffekt angedeutet werden; das heisst, dass mit dem Anstoss des ersten Steins, dem Urknall, schon „Alles" in die Wege geleitet wurde.

Um einige Sterne bildeten sich Planeten, die ihren Stern umkreisen, so wie unsere Erde die Sonne umkreist. Die am weitesten entfernten Sterne könnten bis 100 Milliarden Lichtjahre von der Erde entfernt sein. Wenn wir heute Nacht das Licht eines Sterns sehen, dann stammt dieses vom Standort des Sterns vor der Zeit seiner Entfernung in Lichtjahren, z.B. vor hundert, tausend oder gar Millionen von Jahren. Wo der Stern heute steht, wissen wir nicht. Das heute beobachtete Licht des nächsten Fixsterns, des Proxima Centauri, zeigt seine Position vor 4 Jahren; so lange dauert es, bis sein Licht die Erde erreicht.

Die Sonne als unser Zentralgestirn ist selbst wiederum nur ein kleines Teilchen neben Milliarden von anderen Sonnen / Fixsternen in einer Galaxie, der Milchstrasse. Das Universum besteht aus x-Millionen oder Milliarden Galaxien oder Sternhaufen. Einige Wissenschafter vermuten sogar, dass möglicherweise mehr als ein so riesiges Universum existiert; man müsste dann von einem Multiversum sprechen. Für uns Menschen einfach unvorstellbar.

Asimov 1920 – 1992, USA, Biochemiker, Universalgelehrter: „Die exakten Geheimnisse unserer Welt". → Daten über Galaxien, sonnenähnliche Sterne mit Planeten in einer Oekosphäre. Er ist, heute zusammen mit vielen Astronomen, überzeugt, dass es im Universum Planeten gibt mit ähnlichen klimatischen und physikalischen Eigenschaften wie die Erde bezüglich Temperaturen, Sonnenlicht, Schwerkraft sowie Wasser und Sauerstoff als Lebensgrundlage. Leben mit mehrzelligen Lebewesen sei möglich oder wahrscheinlich im gesamten Universum bei über 400 Mio. Planeten; allein in unserer Milchstrasse bei über 500'000 Planeten. Das könnte heissen, dass im Universum noch auf vielen andern Planeten Lebewesen existieren, vielleicht sogar schon weiter entwickelt als der Erdenmensch.

Ebenso beeindruckend sind die durch Physiker bis anhin gefundenen kleinsten „Teilchen" des Mikrokosmos. Nach den winzigen Atomen finden Wissenschafter immer noch kleinere Teilchen.

Was hat dieser Exkurs mit Religion zu tun? Sehr viel. Es geht um unser Verhältnis zum Schöpfer und um uns Menschen.

Irgend jemand muss dieses gewaltige Universum geschaffen haben. Je mehr Einblicke in die Geheimnisse unseres Universums wir gewinnen, desto schwieriger wird es für Atheisten, gegen die Existenz eines Gottes zu argumentieren. Im Gegenteil – es wird eine unermessliche Intelligenz erkennbar, die mit unserem menschlichen Verstand gar nicht voll erfasst werden kann. Die Grösse eines Schöpfers nimmt mit zunehmenden Erkenntnissen noch zu. Argumente von Atheisten gegen einen Schöpfer haben einen schweren Stand; ihre Aussagen sind eigentlich nur theoretischer Natur: Er ist nicht beweisbar. Zwischen den Gestirnen und überall ist sehr wahrscheinlich Gott, der Schöpfer, der Ursprung, der Planer oder wie Er/Es auch immer bezeichnet wird, in einem absolut lebensfeindlichen Raum. Aber unser Gottesbild ist trotzdem immer noch anthropomorph - menschenartig. Gott wird von vielen Menschen als eine Art „Übermensch" oder „Supermensch" verstanden, ein Gott mit menschlichen Zügen, mit menschlichen Denkansätzen, mit Mitleid, der nur das Gute (aus Sicht des Menschen) will und Böses bestraft. Viele Kriege und Tragödien aus der Vergangenheit werfen mit solch unhaltbarer Gottesvorstellung unlösbare Fragen auf. Ein Satz in der Bibel: "Er (Gott) schuf den Menschen nach seinem Ebenbild" ist daher unsinnig und nur aus der damaligen Zeit heraus überhaupt zu verstehen. Es steht auch im Widerspruch zur Aussage in der gleichen Bibel: „Du sollst dir kein Bildnis von Gott machen"; eine Aussage, die in Analogie auch im Koran zu finden ist. Es ist schlicht eine gewaltige Selbstüberschätzung des Homo Sapiens, wie noch später dargelegt wird. Korrigiert wurden diese Aussagen von den erwähnten Religionen bis anhin offiziell noch nie!

Solche Zahlen bezw. Grössenordnungen lösen zuerst einmal grosses Staunen aus; der Mensch auf der Erde wirkt dabei wirklich winzig und unbedeutend klein, aber „bevorzugt", weil er auf diesem lebendigen Planet sein

Leben verbringen darf, zusammen mit den übrigen Lebewesen, den Pflanzen und Tieren. Dafür dürfte er täglich dankbar sein!

Ein genialer und für uns Menschen nie erfassbarer Schöpfer hat dieses für uns Menschen unvorstellbare Universum geschaffen!

Erdgeschichte

Die Entstehung der Erde wird auf eine Zeit vor etwa 5 Milliarden Jahren geschätzt. Sie war damals noch ein gasförmig / flüssiger Körper. Vor gut 3 Milliarden Jahren entstanden auf der abgekühlten Erde die ersten einfachsten Lebewesen im Wasser – Bakterien. Die Entstehung des Lebens auf der Erde ist zur Zeit noch ein grosses Geheimnis. Schon 1953 machte der Chemiker Stanley Miller Experimente, um dem beginnenden Leben auf die Spur zu kommen. Er „imitierte" eine damals mögliche Atmosphäre aus Kohlendioxid, Methan, Ammoniak, Wasserstoff, elektrische Energie sowie Temperatur-Variationen und fand dabei einfache Aminosäuren wie Glycin, ein wichtiger Baustein von Lebewesen. Im interstellaren Raum wurden über 30 Aminosäuren als mögliche Bausteine von Lebewesen entdeckt. Es gibt Vermutungen, Leben könnte auch aus dem interstellaren Raum, also von „Staub" aus dem Weltraum auf die Erde gelangt sein; der Schöpfer hätte demnach bereits bei der Entstehung des Universums die Grundlage zu Leben geschaffen.

Der Mensch ist entwicklungsgeschichtlich aus den einfachsten Lebewesen hervorgegangen, was heute von keinem namhaften Wissenschafter mehr bestritten wird.

→ Evolutionstheorie von Darwin. Er zählt zur Ordnung der Primaten und seine nächsten Verwandten sind die Schimpansen. Wissenschaftliche Zeitschriften wie "Nature" als auch "Science" berichteten in vielen Artikeln über die Ergebnisse eines Vergleichs der Gene von Schimpansen und Menschen, den Wissenschafter weltweit angestellt haben. Der Schimpanse steht uns Menschen genetisch sehr nah - bis zu 99 Prozent des Erbguts der beiden Arten sind identisch. Ausgerechnet im Gehirn sind die Gen-Unterschiede am geringsten. Menschen und Schimpansen haben gemeinsame Vorfahren; ihre Entwicklungen gingen vor rund sechs Millionen Jahren getrennte Wege. Der zweitnächste biologische Verwandte des Menschen ist der Gorilla. Gewisse Hominiden – menschenartige Wesen - lebten zeitweise nebeneinander, z.B. Homo Neandertalensis und Homo sapiens sapiens [Crô Magnon Mensch].

Die menschliche Stammesentwicklung vollzog sich über einen Zeitraum von vermutlich über 4 Millionen Jahren. Aus dieser Zeitspanne liegen Knochenfunde mehrerer Hominiden-Arten vor. Besonders die gefundenen Kulturgüter deuten auf eine „Umstellung" vom Tier zum Menschen hin.

Im Tierreich gilt nicht nur das Gesetz des Stärkeren. Alle Lebewesen, eingeschlossen Pflanzen, leben in einer Symbiose zusammen und voneinander. So sorgen beispielsweise kleinste Mikrolebewesen (über 1 Kilogramm im Darm beim Menschen) für die Verdauung der Nahrung. Der Mensch ist abhängig von anderen Lebewesen, insbesondere von Mikroorganismen. Einmal aus dem Gleichgewicht geraten können diese aber auch Krankheiten verursachen und dabei auch die grössten Lebewesen bedrängen oder gar sterben lassen und letztendlich auch „verdauen" bzw. abbauen (Verwesung). „Fressen und gefressen werden" trifft in irgend einer Form alle Lebewesen, denn selbst die Grössten, auch die Menschen, werden von den Kleinsten, den Mikrolebewesen, nicht nur gepflegt, sondern auch attackiert und über Krankheiten oder nach dem Tod „abgebaut". **Religion erfordert auch den Einbezug und die Achtung aller Lebewesen.**

Quintessenz

Allein die Erkenntnis über die unendliche und unvorstellbare Grösse des Universums, die quasi Bedeutungslosigkeit der winzigen Erde in diesem System, die Schöpfung von Leben zu Mikrolebewesen über Pflanzen und Tiere bis hin zum Mensch sind Zeugnis eines Schöpfers, eines Gottes, der niemals Menschen ähnlich sein kann. Der Mensch ist auch nicht mehr zwingend das Einzigartige im Universum.

Für Hilfe Suchende ist es schwierig zu begreifen, dass Gott nicht wie ein Regent bei „menschlichen Problemen" sofort eingreift, seinen ursprünglichen Plan ändert und hilft; sein Ur-Plan ist offensichtlich perfekt und hat erst unser Mensch Sein ermöglicht.

Die Evolutionsgeschichte unserer Erde belegt: die Menschheit hat ihren Ursprung nicht bei Adam und Eva. Das Paradies, die Schlange bzw. die Geschichte von einer Rippe des Adam, die Schöpfung des Menschen nach seinem Ebenbild, sie alle gehören ins Reich der Phantasie und sollen aus dem damaligen Zeitgeist verstanden werden. In der Folge ist auch die Erbsünde in der christlichen Religion ohne Sinn und ohne Begründung; wie kann sie aber nach wie vor als ein tragender Pfeiler der christlichen Religion dastehen?

Ähnliche oder analoge Geschichten über den Anfang der Erde und der Menschheit sind auch aus anderen frühen Kulturen bekannt.

Die Evolution betrifft nicht nur die stammesgeschichtliche Entwicklung unserer Erde nach Darwin; nein, das gesamte Universum ist in stetiger Entwicklung = Evolution!

INTELLEKT VERSUS EMOTIONEN

Der Mensch soll sich unterscheiden von den Tieren u.a. durch seinen stark entwickelten Intellekt, durch seine Fähigkeit, unter Einsatz des Denkens Erkenntnisse und Einsichten zu erlangen. Der Begriff Intellekt steht in engem Bezug zu dem der Vernunft, des Verstandes und des Lernens. Prägend für den Menschen sind seine Gefühle, seine Emotionen und seine Stimmung. Eine Abgrenzung dieser Begriffe ist nicht einfach und sie gehören nicht nur zum Menschen; nein auch im Tierreich sind Emotionen bekannt und teilweise auch erforscht.

Die Auseinandersetzung mit den Begriffen Intellekt und Emotionen hilft, um das <u>Wesen „Mensch" besser zu verstehen und sein unlogisches Verhalten im Bereich Religion, wie später noch dargelegt wird, zu begreifen</u>. Es begleitet uns durch die gesamte Schrift.

Intellekt

Schon das kleine Kind versucht, seine Umgebung zu erforschen und seine Umwelt kennen zu lernen. Diese Neugierde ist offensichtlich eine angeborene Eigenschaft beim Mensch und z.T. aber auch bei vielen Tieren. Viele pflegen und erweitern diese Neugierde bis zum Lebensende.

Der österreichische Zoologe, Verhaltensforscher und Nobelpreisträger Konrad Lorenz attestierte auch Tieren Intelligenz. Tiere verfügen über Intellekt in dem Sinne, als sie in beschränktem Masse <u>lernfähig</u> sind, einige sind sogar vom Mensch dressierbar. Dies bedeutet, dass Tiere die Forderungen von Menschen erkennen und erfassen sowie speichern und abrufen können. Vögel und einige Schmetterlinge finden nach über 1000 km weiten Flügen in den Süden im Frühling wieder ihren Nistplatz in unseren Breitengraden. Domestizierte Tiere lernen vom elektrischen Stoppzaun (Kühe, Schafe etc.) oder lernen das Trinken aus dem Wassertank mit Drucktaste auf der Weide. Krähen lassen Nüsse über steinigem Untergrund fallen, damit die Schale aufbricht. Gewisse Primaten nutzen Halme, um in Termitenhügeln Ameisen zu fangen. Bienen kommunizieren mit ihrem Tanz auf den Waben über Futterplätze. Raubtiere erkennen ihre Jungen als „Angehörige" und nicht als Beute. Hunde beispielsweise „verstehen", was ihr Meister will; erstaunlich sind die Leistungen vieler Hunde insbesondere für Invalide und behinderte Menschen. Die Tierdressur wäre undenkbar, wenn Tiere nicht eine minimale „intellektuelle Leistung" erbringen könnten; wobei das Futter im Anschluss an eine Gedächtnis-Leistung zwar Emotionen befriedigt.

Diese Aufzählung liesse sich noch beliebig erweitern und belegt, dass <u>auch Tiere</u> über eine Art <u>Intellekt</u> verfügen. Delfine, Krähen, Schimpansen und Elefanten werden von einigen Verhaltensforschern als die intelligentesten Tiere bezeichnet. Derartige Beobachtungen wecken tiefes und ehrfürchtiges Staunen und auch <u>Respekt</u> „über das Funktionieren der Natur".

Die raschere Entwicklung des Intellekts beim Menschen beruht höchstwahrscheinlich auf seiner <u>Fähigkeit zu sprechen</u> und damit, unter Mithilfe des technischen Fortschrittes [Zeichen, Schrift; später Internet], fast grenzenlos sein Wissen und seine Erkenntnisse weiter zu verbreiten. Die Kommunikationsmöglichkeiten in den letzten Jahrhunderten haben entscheidend zur heutigen Zivilisation mit entsprechendem Wohlstand beigetragen und damit die Kluft zwischen Mensch und Tier vergrössert. Diese „neuen Erkenntnisse" zusammen mit der hoch entwickelten Kommunikationsfähigkeit des Menschen sowie der Möglichkeit zur Speicherung der Erkenntnisse haben heute einen fundamentalen Unterschied zur Tierwelt geschaffen. Insbesondere die Beschäftigung mit den Naturwissenschaften zusammen mit der Technik hat uns Menschen den heutigen Wohlstand, die heutige Zivilisation als Unterschied zur Tierwelt ermöglicht.

Trotz dem gewaltigen Wissenszuwachs allein im vergangenen Jahrhundert sind noch viele Fragen ungelöst und mit tiefergreifender Forschung in allen Lebensbereichen entstehen immer neue Fragen. Wir leben heute in einer Wissensgesellschaft, welche mittels modernster Telekommunikation innert kürzester Zeit zu Informationen gelangen kann, die in früheren Zeiten nur beschränkt vorlagen und zeitraubend in der vorhandenen Literatur gesucht werden mussten. Diverse Suchmaschinen im Internet tragen heute weltweites Wissen innert Sekunden zusammen, welches noch vor wenigen Jahrzehnten mit unsagbarem und wenig zur Ausbildung beitragendem Zeitaufwand und gewaltigen Literaturkosten verbunden war.

Emotionen

Was sind Emotionen? – zu deutsch: Gemütsbewegungen: Freude, Liebe, Vertrauen, Sympathie, Angst, Wut, Hass, Trauer - Leid, Schrecken, Ekel…. Ein gutes Essen oder Geschenke können Freude bereiten; aber sterbende oder verstorbene Menschen können Trauer auslösen; vermutete Gefahren oder gar Feinde in der Nähe können verunsichern und Angstgefühle aufkommen lassen. Aber auch Unbekanntes, Dunkelheit, kann Emotionen auslösen. Bei Elefanten wurde beobachtet, dass sie auf ihrer Wanderung beim Antreffen von Skeletten von verstorbenen Elefanten ohne andere ersichtliche Gründe stehen bleiben und sich ungewöhnlich verhalten. Die Wissenschaft geht aufgrund vieler Experimente davon aus, dass insbesondere die entwicklungsgeschichtlich höheren Tierarten vielerlei Emotionen kennen. Lebewesen kommen mit emotionalem Gedächtnis auf die Welt.

Länger anhaltende Emotionen werden oft auch als Stimmung bezeichnet. Der Mensch strebt täglich ein Wohlbefinden, eine Wohlfühlstimmung an.

Emotionen werden durch Reize über unsere Sinne ausgelöst: sehen, lesen, hören, riechen, schmecken, berühren; sie können aber auch durch unsere Gedanken angestossen werden (z.B. sich erinnern an etwas, „grübeln", assoziieren, phantasieren), sowie durch körperliche Reize: Krankheiten, Schmerzen.

Emotionen können oft nicht oder nur bedingt mit dem Verstand kontrolliert werden; es sind psychophysiologische Prozesse. Der menschliche Körper wird beeinflusst über alle seine Sinne, aber auch mit seinem Intellekt via „Gedanken", seine Phantasien und er produziert über

Hormone und Botenstoffe entsprechend designte, teils erworbene Reaktionen. Es sind chemische Substanzen im Körper, die unser Verhalten beeinflussen. Diese Prozesse werden vererbt und boten im Laufe der Evolution Überlebens- und Selektionsvorteile und zwar nicht allein dem Menschen; auch Tiere profitieren von ihrem vererbten emotionalen Verhalten. Angst vor möglichen Feinden ist wohl die Ursache der bei Tieren immanenten „Fluchtdistanz"; unabhängig von realer Gefahr flieht ein Tier bei Annäherung eines fremden Lebewesens. Aber wie unterscheidet es zwischen „Eigenen" und „Fremden"?

Je nach Situation empfängt der Mensch Signale über seine Sinne in all seinen Aktivitäten, also auch im Schlaf, und er empfindet dabei individuell ausgeprägte Gefühle. Emotionen lösen also Gefühle aus; die ausgelösten Gefühle können aber individuell verschieden registriert sein. Nicht jeder Mensch empfindet Freude gleich. Je nach Temperament, Erziehung, Umwelt und vielen andern, meist unbekannten und unbewussten aktuellen Einflüssen, manifestiert sich die Freude unterschiedlich: Vereinzelte verziehen keine Miene und wieder andere reagieren exaltiert.

Emotionen sind nicht nur beeinflussbar durch Sinnesorgane, sondern auch durch Gedanken, zusprechende Worte wie Trost, Hoffnung, Glauben, aufmunternde Worte → Motivation. Wir leben ständig in Emotionen; negative Emotionen können uns krank machen; umgekehrt kann der Glaube an eine „Therapie" helfen.

„Bauchgefühl" und Verstand können sich sinnvoll ergänzen; optimal wäre, Bauch und Verstand in Einklang zu bringen als ein Charakteristikum des menschlichen Lebens.

In einer Gemeinschaft können positive Emotionen verstärkt und auf andere übertragen werden, unangenehme Emotionen hingegen können verteilt und so erträglicher gemacht werden.

Das Beispiel der Sexualität zeigt aber auch, dass gewisse Emotionen beim Mensch über Wissen und Willen nur teilweise beeinflusst, aber nicht immer verstandesmässig kontrolliert werden können; diese zivilisatorisch entwickelte verstandesmässige „Bremse" fehlt in der Tierwelt. Angst kann zwar unterdrückt, zerstreut oder durch Ablenkung kurzzeitig beeinflusst werden, aber schlussendlich wird sie nicht abgelöst; sie kommt immer wieder, bis „der Auslöser" hinfällig geworden ist. Solche Zeichen deuten darauf hin, dass Emotionen oft stärker sind als unser Intellekt. Unterdrückte Emotionen können früher oder später auch zu gravierenden psychischen „Fehlbildungen" führen.

Französische Forscher vom „Institut des Neurosciences cognitives" haben beobachtet, dass eine Werturteilsfindung in hohem Masse von Emotionen geprägt ist. (Thurgauer Zeitung 5.6.2012, p 11) Aufgrund einer Umfrage zur Situation von 9 / 11 2001 (Terroranschlag in New York) stimmte eine grosse Mehrheit der Idee zu, die von Terroristen gekaperten Flieger, die auf das World Trade Center zusteuerten, abzuschiessen, um Tausende von Menschen in den Towern zu retten. Doch selber diesen Abschuss vornehmen wollten die Wenigsten. Die Emotionen waren offensichtlich stärker als die Ratio, der Intellekt.

Das Verhältnis von Emotionen zum Intellekt spielt eine entscheidende Rolle in den Religionen und für ein Bedürfnis des Menschen nach Spiritualität.

Bei vertiefter geistiger Auseinandersetzung mit Gott, mit dem Jenseits, mit der Natur, mit religiösen Geschichten, werden oft Emotionen geweckt, die als Spiritualität, bei anderen auch als Mystik empfunden werden. Beide beinhalten etwas Geheimnisvolles, „Jenseitiges". Menschen suchen Spiritualität, um eine geistige Brücke zwischen Gott und der Welt zu bauen, um mit Gott in Einklang zu gelangen. Spiritualität ist bei allen Religionen bekannt und sehr wichtig.

Unterschiede zwischen Intellekt und Emotionen

Zum Leben gehören also neben Intellekt in grösserem Ausmass auch Emotionen. Der Mensch empfindet natürlicherweise Dankbarkeit, wenn es ihm gut geht. Bei Krankheit entwickelt sich eine Sehnsucht und Hoffnung auf Besserung. Katastrophen lösen ein Mitgefühl aus. Aus Angst kann das Gefühl „Hoffnung" oder auch „Hoffnungslosigkeit" entstehen und letztlich sogar einen Suizid auslösen; vom Intellekt her nur schwer zu kontrollieren.

Dieses Wechselspiel zwischen Intellekt und Emotionen ist eine Eigenheit des Menschen und in der übrigen Natur in dieser Ausprägung wahrscheinlich nicht existent. Vielleicht ist dies ein Teil des Zivilisationsprozesses.

Während beim Intellekt primär elektrische Phänomene wie Leitfähigkeit von Nervenbahnen, die Vernetzung und Speicherung zwischen den betroffenen Hirnzellen die zentrale Rolle spielen, sind es bei den Emotionen chemische Substanzen (Hormone, Botenstoffe), welche unser vegetatives Nervensystem steuern. Hier liegt wohl auch der Grund, weshalb über chemische Stoffe wie Pharmazeutika viele emotionale Reaktionen beeinflusst werden können (z.B. Stimmung aufhellend; angstlösend), nicht aber unsere Intelligenz!

Daniel Goleman, * 1946 in Stockton, Kalifornien, USA, amerikanischer Psychologe und Wissenschaftsjournalist, schuf 1995 mit seinem Buch: „EQ: Emotionale Intelligenz" weltweit Aufsehen. Manche Autoren stellen denn die emotionale Intelligenz als Gegenpol zum klassischen Intelligenzbegriff, dem IQ dar. Der EQ wird somit eine wichtige und gleichwertige Ergänzung zum IQ. Wenn

Emotionen auch nicht voll unterdrückt werden können, so können diese doch zur Erreichung von Erfolgen im Leben und im Beruf genutzt werden, so eine seiner Ideen in Kurzform. Er nutzte für seine Definition der „Emotionalen Intelligenz" u.a. auch die Empathie, das „sich hinein versetzen" in andere Menschen, als wichtige Grundlage aller Menschenkenntnis und als Fundament der zwischenmenschlichen Beziehungen.

Ein interessantes Zusammenspiel von Intellekt und Emotionen sind Illusionen. Ein Preis von Fr. 9.95 gaukelt uns ein „günstiges" Produkt vor und regt die Kauflust an; bei Fr. 10.05 erscheint es „teuer", auch dann, wenn wir es rational nicht so schwarz/weiss beurteilen.

Weder Intellekt noch Emotionen ?

Die Natur kennt aber auch Verhalten, die weder eindeutig dem Intellekt noch den Emotionen zugerechnet werden können – es ist der Instinkt oder Naturtrieb – eine Bezeichnung ohne eindeutigen Sinn, weil diese Erscheinungen noch nicht exakt erklärt werden können. Es ist das angeborene Verhalten von Lebewesen, dessen Ursprung bis heute noch nicht wissenschaftlich gesichert ist. Es ist selbst für Naturwissenschafter nicht leicht zu begreifen, wie diese erworbenen Eigenschaften via Gene, also über chemische Stoffe – Nucleoproteide, DNA – bereits für einen zeitlichen Ablauf vorprogrammiert sein sollen. Es ist der Übergang vom „Formalen" beim Menschen zum „Leben", der diese Unsicherheit hervor bringt. Man darf sich zu Recht fragen: sind in den Genen wirklich alle biologischen Daten und damit Voraussetzungen für neues Leben enthalten? Oder gibt es noch weitere, bis anhin unbekannte „Datenquellen" im menschlichen Körper? Die chemische Zusammensetzung von Genen ist prinzipiell bekannt und doch konnte bis anhin dadurch noch keine Reproduktion zu neuem Leben erreicht werden, nicht einmal bei den primitivsten Lebewesen. Also doch nicht nur die Chemie?

Interessant in diesem Zusammenhang ist die kürzlich berichtete Erfahrung mit geklonten Katzen. Verwendet wurde ein Mischling mit verschiedenen Fellfarben. Die geklonten Nachkommen zeigten erstaunlicherweise verschiedene Fellfarben und waren in dieser Ausprägung nicht alle Kopien ihrer "Mutter" und nicht gleichartig untereinander. Die Ergebnisse sind noch nicht abgeschlossen.

Einige Beispiele sollen ungelöste – oder vielleicht unlösbare? – Probleme verdeutlichen. Alle Säugetiere kennen das typische „Verhalten von Müttern" – die Sorge um deren Junge; ernähren und säugen der Jungen; unterscheiden von eigenen Jungen und Beute!

Das Giraffenbaby kommt bezw. fällt aus zwei Metern Höhe auf die Welt. Sofort leckt die Mutter ihr Junges, hilft ihm beim Versuch auf die Beine zu kommen um danach an die Nahrungsquelle zum Säugen zu gelangen. Wo hat die Giraffe dies gelernt? Kann eine Giraffenmutter, welche noch nie bei einer Geburt dabei war, ihr Baby auch füttern? Ja.

Wie merkt die Löwenmutter als Raubtier, dass sie ihre „Kinder" umsorgen und nicht als Beute fressen soll? – Unsere Unwissenheit versteckt sich im Wort Instinkt.

Woher weiss das munzige Eidechslein nach dem Schlüpfen aus dem Ei, dass es Nahrung braucht? und welche?

dass es als wechselwarmes Tier bei Wärme sich bewegen kann, nicht aber bei Kälte? dass es daher bei Abkühlung rechtzeitig in einen „Schutzraum" flüchten muss, um zu überleben? – Instinkt? Die junge Eidechse kennt ja ihre Eltern gar nicht und umgekehrt. In gewissen Fällen können, vom Hunger getrieben, ältere Eidechsen junge Eidechsen jagen und verspeisen – eine Art „Kannibalismus".

Eine Riesenschildkrötenart in Griechenland (Zakynthos) legt ihre Eier ca. 100m vom Meer entfernt in den warmen Meeressand. Die ausgeschlüpften Jungen aber finden sofort den nächsten Weg zurück zum Meer. – Instinkt? Das gefürchtete Krokodil bewacht sogar seine im Sand vergrabenen Eier – Instinkt? Weiss es überhaupt, dass daraus junge Krokodile schlüpfen werden?

Das Schaf in der Herde kann zwischen seinen Artgenossen und einem fremden Tier, z.B. einem Hund, unterscheiden und reagiert dementsprechend.

Der Wandertrieb von Vögeln: wie orientieren sie sich? Sie fliegen bei Wintereinbruch von Norden nach Süden und im Frühling wieder zurück, oft zum gleichen Nest!

Wie spüren Tiere, dass es Zeit ist für ihren Winterschlaf? was treibt sie zur entsprechenden Vorsorge?

Die angeführten Beispiele könnten beliebig auf alle Tierarten – auch auf Pflanzenarten (z.B. Kletterpflanzen, Blütezeit, Insekten fressende Pflanzen, usw.) – ausgeweitet werden. Im „Mutter-Verhalten" lässt sich kaum ein signifikanter Unterschied zwischen den Säugetieren und dem Mensch erkennen.

Emotionen sind oft Erfahrungen zum Überleben und werden zum „Instinkt". Der Instinkt bringt zumeist nur 1

Lösungsweg und dies reflexartig; der Verstand hingegen überlegt diverse Szenarien und benötigt in Notlagen daher zu viel Zeit.

Ein Gott hat alle diese Lebewesen so geschaffen, evolutionär entwickelt, und ausgestattet mit „Instinkt", mit für uns (noch?) nicht erklärbaren, erworbenen Eigenschaften.

Auch die Beachtung der vielen „Werke der Natur", ein Respekt gegenüber allen Lebewesen, eine Dankbarkeit, auf unserer Erde mit dieser Schöpfung leben zu dürfen, ist eine Verbindung zu Gott – Religion!

Unterschiede Mensch – Tier?

Der Mensch ist wohl nicht die aussergewöhnlichste, alles überragende Kreatur auf Erden. Der Mensch ist ein Lebewesen neben allen übrigen andersartigen Lebewesen und evolutionär daraus entstanden. Wie bereits angeführt verfügen auch Tiere über Emotionen, einige auch über Empathie und Intellekt:

Eine für unsere Gesundheit überlebenswichtige Entwicklung, der biologischen Evolution, verdanken wir der Ähnlichkeiten von vielen Säugetieren mit dem Menschen. Säugetiere können ähnliche oder effektiv gleichartige Krankheiten durchmachen wie wir Menschen. Aufgrund dieser Erkenntnisse hat die Pharma-Industrie bis heute zig-tausend Medikamente entwickelt, welche sie zuvor an geeigneten Säugetieren „erproben" konnte. Zu oft werden Tiere nur noch als Produktionsfaktor behandelt - Respekt und Dankbarkeit wären angebracht.

In der Tat gibt es diverse Eigenschaften, wo Tiere um ein Vielfaches besser abschneiden als Menschen: Geruchsinn; Orientierungssinn; Fliegen; Schwimmen; usw. Vielleicht kann man bescheiden sagen, der Mensch kann Einiges einfach ein bisschen besser als Tiere? Seine Kommunikationsmöglichkeiten sind unter allen Lebewesen einzigartig.

Einzigartig für den Mensch ist die Entwicklung einer Kultur und der heutigen Zivilisation. Eine auffällige Leistung war sicherlich die Handhabung des natürlich entstandenen Feuers und später die Entzündung von Feuer. Bei der Entwicklung von Werkzeugen ist der Mensch zwar nicht einzigartig, aber im Ausmass und in der Praktikabilität nicht zu übertreffen. Seine Ängste gegenüber den Naturgewalten und dem unausweichlichen Tod suchte er mit Ritualen zu begegnen. Bei der Frage nach den Unterschieden zwischen Mensch und Tier landet man unausweichlich auch im Bereich der Religion. Religion ist ein weiteres Kriterium zur Abgrenzung des Menschen vom Tier. Der entwicklungsgeschichtliche Übergang vom unreligiösen Tier zum religiösen Mensch wirft damit auch neue Fragen auf:

Ein wahrscheinlich fundamentaler Unterschied von Mensch zum Tier besteht, wie angeführt, in seiner überragenden Fähigkeit zur Kommunikation. Der Mensch lebte weitgehend in einer Gemeinschaft: Familie, Sippe, Volk; dadurch erhält die Kommunikation eine besondere Bedeutung. Die Entwicklung der Kommunikation über Zeichen und Schriften ermöglichte es dem Menschen, bisheriges Wissen, das früher durch den Tod ausgelöscht wurde, zu bewahren und, besonders wichtig, weiter zu reichen und darauf aufzubauen.

Insbesondere die Schriftzeichen bei den Babyloniern und den alten Ägyptern haben dazu geführt, dass Erkenntnisse nach ihrer Aufzeichnung nicht wieder von Neuem gefunden werden mussten. Zuvor erfolgte die Kommunikation an die nachfolgenden Generationen über die „mündliche Überlieferung". Diese Weitergabe hängt nicht nur vom Gedächtnis, sondern auch von methodisch-didaktischer Fähigkeit der Eltern ab, ja sogar von deren Absicht in ihrer Kommunikation. Während Entwicklungsperioden im Verlaufe der Evolution über zehntausende oder gar hunderttausende von Jahren erfolgten, hat die Schrift eine exponentielle Entwicklung ausgelöst – die „Bildung" grosser Teile der Bevölkerung. Später hat die Erfindung des Buchdrucks eine weitere Beschleunigung ausgelöst und die Grenzen (und die Folgen für die Entwicklung des Menschen!) der Informationstechnologie sind noch nicht absehbar.

Diese Entwicklungsstufe war wohl die fundamentalste und wichtigste der Menschheitsgeschichte; ohne sie wäre die rasante Entwicklung bis zum heutigen Menschen, zur heutigen Zivilisation, nicht auszudenken. Sie führte denn in den vergangenen Jahrhunderten zur weltweiten Verbreitung von Erfahrungswissen, von Ideen, aber auch zu Vorschriften und dadurch auch zu einem Machtinstrument.

Ein weiterer und wesentlicher Unterschied zu den Tieren ist ein wissentlicher Wille mit der Möglichkeit der Abschätzung von Folgen. Damit trägt der Mensch selber die Verantwortung für die Gestaltung seines Lebens, für sein Tun und Lassen.

Eine krampfhafte Suche nach eindeutig und reproduzierbaren Abgrenzungen zwischen Mensch und Tier führt wahrscheinlich nicht zum gewünschten Ziel. Der Übergang vom Tier zum Mensch erfolgte als Prozess über Jahrtausende oder Jahrmillionen.

Die Ähnlichkeit und Verwandtschaft mit der Tierwelt kann auch die Vorstellung über das Leben an sich und <u>besonders über das Lebensende beeinflussen.</u>

Leben und sterben Menschen wirklich anders als die übrigen Lebewesen? Was wären die Folgen und Konsequenzen?

EMOTIONEN UND RELIGION

Gedanken an „Wunder der Natur" wie faszinierende Blumen, exotische Pflanzen oder interessante Tiere, das unendliche Meer oder einen leuchtenden Sternenhimmel schaffen bei vielen Menschen via Emotionen eine geistige Brücke zum Schöpfer unseres Universums. Fast alle Menschen suchen eine gewisse Spiritualität, eine geistige Verbindung zum Schöpfer-Gott, zum Jenseits. Die Unsicherheit des Menschen im Hinblick auf die fehlende Möglichkeit zur Kommunikation mit dem Jenseits lähmt seine Gedanken, seinen Intellekt und nährt seine Emotionen und Phantasie. Oft dominieren nicht der sogenannte „gesunde Menschenverstand", sondern Emotionen; man stösst hier ja an die Grenzen des Wissens, des Intellekts. Das Formale mit Zeichen und Symbolen wirkt sehr stark auf Emotionen – z.B. Kronen und Zepter von Herrschenden, das Kreuzzeichen von Fussballern, die in ein Spiel eingewechselt werden! brennende Kerzen in Gebetsstätten, Musik, Kunstwerke, gemeinsame Feiern etc.

Religionen versuchen in diesem Lebensbereich eine Lücke zu schliessen, eine Brücke zu schlagen und sie wollen zumeist primär Hilfe anbieten. Trotz der fehlenden Antworten und Fakten sucht der Mensch innerhalb einer Religion / Konfession / Glaubensgemeinschaft weiter nach „Spiritualität", nach einem „geistigen Halt", nach Antworten auf Fragen: Wie soll ich mein Leben gestalten, um nach dem Tod, dem Unbekannten, „gut da zu stehen", auf der Gewinnerseite zu stehen? vor Krankheiten verschont zu werden?

Spiritualität (Geist atmen) im spezifisch religiösen Sinn steht dann auch immer für die Vorstellung einer geistigen Verbindung zum Transzendenten, dem Jenseits oder der Unendlichkeit; manchmal reicht schon, wie angeführt, der Kontakt mit der uns umgebenden Natur, an der wir uns erfreuen und staunen können, aber keine Antworten auf allfällige Fragen erhalten können. Auch für den Islam besteht Spiritualität darin, eine geistige Brücke zwischen Menschen und Welt einerseits und Gott andererseits zu bauen.

Weil keine Antworten aus dem Jenseits zurück kommen, hilft unser Intellekt nicht weiter, aber die „Gefühlswelt", die Emotionen, können eine virtuelle Brücke aufbauen. Durch gute Werke, Unterstützung von Armen und Hilfsbedürftigen kann ein „Wohlgefühl" aufgebaut werden. Hier setzen auch Religionsstifter mit einer Gefolgschaft von Gleichgesinnten an; später wurden daraus grössere Religionsgemeinschaften. Zeichen und Formen dienen als Erkennungsmerkmal und regen gleichzeitig Emotionen an. Besonders hilfreich für viele Menschen sind Ankündigungen, emotionale Offenbarungen, Heilsbotschaften, aber auch apokalyptische Vorstellungen wie Himmel und Hölle, die mit tiefer Überzeugungskraft weitergegeben werden, obwohl diese wegen fehlender Antwort aus dem Jenseits nie als wahr bestätigt werden können noch müssen.

Wie könnten durch Religionen Emotionen aufgebaut werden, wenn wir das Lebensende, den Tod, als Geheimnis akzeptieren würden? ohne geheimnisvolle „Offenbarungen"?

INTELLEKT UND RELIGION

Mit Ausnahme von einigen Entwicklungsländern ist ein Grossteil der Menschheit heute mit einer guten Allgemeinbildung und einem kritischen Intellekt ausgestattet. Wenn es aber um das Thema Religion geht, dann dreht in unserem Hirn ein „Schalter" auf das erworbene religiöse Wissen und kirchliche Praktiken, bezw. zum eigenen Glauben. In einigen Regionen der Welt verhindern gewisse „Staatsreligionen" eine adäquate Bildung und zwar nicht nur für Frauen; wenig gebildete Leute lassen sich leichter führen und manipulieren. Auch in hoch entwickelten Ländern wie den USA findet sich ein ähnliches Phänomen bei streng evangelikalen Christengemeinden. In diesen Ländern werden modernste wissenschaftliche Erkenntnisse und Technologien täglich genutzt und die Leute profitieren von den ständig neuen Erkenntnissen der Physik, der Chemie, der Medizin und weiterer Wissensbereichen mit TV, Smartphones, medizinischen Geräten, Medikamenten, Mobilität etc.; religiös aber leben diese im „Altertum", im vollen Widerspruch zu den heutigen Erkenntnissen, zum Intellekt. In gewissen Schulen darf im Naturkundeunterricht nicht über die Darwin'sche Evolution unterrichtet werden. Akzeptiert werden nur die evangelikalen, d.h. streng bibeltreuen Aussagen der (abrahamitischen) Heiligen Schrift. → Kreationisten.

Medizinisch-psychologisch betrachtet müsste diese zeitweise Trennung des Lebens zwischen „Modernzeit" (Technik, Medizin) und „Altertum" (Bibel) ansatzweise als „schizoid", als gespalten bezeichnet werden. Aber dieses zwiespältige Leben ist keine Krankheit. → nachfolgend: der Mensch als gespaltenes Wesen.

Die erdgeschichtliche Entwicklung kann über die vielen Fundstellen von versteinerten Pflanzen und Tieren, von Sedimentablagerungen zusammen mit hoch entwickelten Analysenmethoden gut dokumentiert werden. Die Entwicklung der Kontinente, Meere und Seen, Gebirge, fruchtbares Ackerland wie auch Wüsten sind unzertrennlich mit der Entwicklung aller Lebewesen auf unserer Erde einhergegangen und im Gestein dokumentiert, sozusagen in Stein gemeisselt. Ein Teil von neu erworbenem Wissen wird hingegen durch dieselben „bibeltreuen" Leute kommerziell umgesetzt für Medizin, Pharma, Maschinen, Werkzeuge, verschiedenste Stoffe und Materialien; Hauptsache, es bringt Geld. Besonders schwer zu verstehen!

Im Schulunterricht wird mit aktuellen Lehrmitteln das heutige Wissen und damit das entsprechende Denken gelehrt. Der Religionsunterricht hingegen verwendet Lehrmittel mit dem Wissen und Denken vor über zwei Tausend Jahren; das bedeutet, dass es sich zwar um historisch interessantes Wissen handelt und daraus abgeleitet um den damaligen Glauben. Aus heutiger Sicht sind die damaligen „Fakten" weitestgehend obsolet und entsprechen nicht mehr der Wahrheit. Die Offenbarungen der meisten Religionen sind nicht mehr haltbar und müssen überdacht werden.

GRENZEN ZUM GLAUBEN

Alle unsere Erkenntnisse über das Leben auf der Erde stossen an Grenzen; es bleiben offene Fragen; es bleibt bei Vermutungen, bei glauben oder in gewissen Fällen auch bei hoffen oder wünschen.

Glauben heisst auch: nicht wissen. So kann denn auch definiert werden: wo das subjektive Wissen seine Grenze findet, da beginnt der persönliche Glaube, die Vermutung, oft geführt durch Wunschdenken bis hin zur „tief überzeugten Hoffnung". Oft verschwimmen die Grenzen zwischen Glauben, Hoffnung und „religiösem Wissen" oder sie werden etwas unbedacht einander gleichgesetzt. Die Psychologie kennt auch deren Exzesse bis hin zum Wahn. (Georg Schmid: „Zwischen Wahn und Sinn. Halten die Weltreligionen, was sie versprechen?").

Synonyme und Fragen: – glauben; vermuten; das muss so sein (vgl. Ranke-Heinemann: „warum soll ich an einen Gott glauben, wenn ich weiss, dass es ihn gibt?"); es macht Sinn (dass es einen Schöpfer gibt); hoffen; erwarten, wünschen, dass …; Sehnsucht nach …; Trance; Wahn?- Abgrenzung zum religiösen Glauben?

Wer denken kann, kann auch glauben; wer nicht denken kann, der kann nur glauben, mitmachen, mitgehen, sich fügen, gehorchen, sich beteiligen z.B. an religiösen Akten oder in irgend einer Gemeinschaft. Diese letztere Art „Glauben" kann unseren Lebensweg entscheidend und oft auch unvorteilhaft beeinflussen; sie kann zum Kadavergehorsam entarten. Die hässlichste Entartung sind die

Religionskriege. Diese sind auch ein gewichtiger Antrieb für mich, meine Ideen auszubreiten.

Der denkende oder der fragende Mensch sucht Antworten auf Grundfragen des irdischen Lebens, nach der Herkunft des Menschen, nach dem Sinn des Lebens, über den Tod und die Zeit danach. Treffen wir unsere verstorbenen Eltern oder Geschwister einst wieder? In diesem Bereich gibt es ausser dem Tod an sich keine harten Fakten mehr. Dieses Umfeld bildet das „Fundament", leider aber auch ein „Tummelfeld" diverser Religionen und Glaubensgemeinschaften. Auch Menschen ohne eine Religionszugehörigkeit und selbst Atheisten beschäftigen sich mit diesen Fragen. Für Atheisten soll Alles aus dem Nichts entstanden sein – aus dem bisher Geschilderten nicht zu begreifen! Agnostiker hingegen gehen davon aus, dass die Existenz Gottes oder eines Schöpfers grundsätzlich nicht geklärt werden kann mit der Begrenztheit des menschlichen Wissens; sie negieren aber Gott nicht.

Der bare Intellekt geht davon aus, dass ein Schöpfer mit dem Schöpfungsakt [vgl. Kap. Die Schöpfung] „Alles geplant, geschaffen und geregelt" hat. Die Evolution, die gesamte Entwicklung des Universums, ist dann eine Folge aus dem an den Anfang gestellten Schöpfungsakt. Es könnte vielleicht etwas anschaulicher mit einem Domino-Effekt verglichen werden: ein Anschub des ersten Steins – der Urknall – bringt dann alle übrigen, säuberlich geplant und aufgestellten Steine in Bewegung. Dieser Ansatz kann mit diversen Religionen, auch mit dem Christentum, kompatibel sein; er schafft aber Probleme für orthodoxe oder engstirnige Fundamentalisten, welche die Entwicklung des Wissens über das Universum nicht ak-

zeptieren oder nicht kennen. Bei persönlichen Schwierig-
keiten, Problemen oder bei Krankheiten hofft und erwartet dann aber auch der denkende Mensch trotzdem wieder an eine „Ausserkraftsetzung dieser Naturgesetze"
und hofft auf Hilfe in der Not, auf ein „Wunder". Gott soll
wieder eingreifen. Solche Emotionen sind verständlich
und oft viel stärker als unser Intellekt! (vgl. Intellekt –
Emotionen)

Wir leben heute in einer Dienstleistungsgesellschaft: wir
bezahlen zugunsten unserer Bequemlichkeit oder für unser Unvermögen und erwarten dafür eine Leistung. So
auch vom „Pfarrer", dem Seelsorger, dem Imam, dem
Prediger, dem Rabbiner, dem Guru oder irgendeinem
Glaubensführer: er soll für uns die Grundfragen nach
dem Sinn des Lebens studieren, uns darüber informieren
und Konsequenzen aufzeigen. Doch der „Pfarrer" darf ja
zumeist gar nicht selber die genannten Fragen studieren
und uns seine Überlegungen, seine Meinung öffentlich
kundtun; dies ist der Leitung von Religionen, Konfessionen und „Freikirchen" (so frei sind sie meistens auch
wieder nicht!) vorbehalten; er ist ihr Angestellter und damit Beauftragter und Lohnempfänger. Stattdessen erzählt
er, durchaus aus tiefer Überzeugung und mit persönlichen Eindrücken geprägt, was er von seiner „Kirche", die
ihn ausgebildet und eingestellt hat, vorgesetzt bekommt.
Und das Kirchenvolk übernimmt zumeist diskussionslos
(Einbahn-Kommunikation), oder ohne weitere Reflexion,
ja oft gedankenlos, die verbreitete Botschaft. Doch die
Verantwortung für sein Leben hat jeder Mensch selbst zu
tragen; sie kann und darf nicht einfach delegiert werden.
Die Unsicherheit des Menschen im Hinblick auf schwere

Krankheiten, Schicksalsschläge, den Tod, über das „Jenseits", lähmt seine Gedanken; diese Thematik wird willentlich verdrängt. Die vorhandenen intellektuellen Fähigkeiten zum kritischen Hinterfragen liegen in „Anästhesie" oder scheinen paralysiert. Weshalb? Emotionen sind einfach zumeist klar stärker ausgeprägt und wirksamer als der Intellekt.

Man muss sich schon zwingend die Frage stellen: Weshalb sollte eigentlich ein Papst, ein Bischof, ein Imam, ein Rabbiner, ein Brahmane oder irgend ein Kirchenführer mehr wissen über Transzendenz, über das „Jenseits", über das Leben nach dem Tod, über einen möglichen Sinn des Lebens, als alle übrigen denkenden und fragenden Menschen? Woher nehmen sich diese Menschen die Berechtigung, sich als „Berufene", als „Geweihte", als „Nachfolger", als allein Zuständige für religiöse Fragen und Handlungen, und mit Macht ausgestattet zur Festlegung von Verhaltens-Kodizes? Und sie nehmen sich die Berechtigung, „ihre Kompetenzen" ohne Mitwirkung ihrer Gläubigen weiter zu geben, zu weihen! Sünden zu vergeben! Diese antike „Thronfolge" ohne jegliche Demokratie, ohne direkte Mitwirkung des gläubigen Kirchenvolkes, passt nicht mehr in ein doch mehr oder weniger aufgeklärtes Zeitalter. Die Offenbarungs-Religionen (Judentum, Christentum, Islam, Hinduismus) versprechen etwas, das niemand weiss bezw. niemand wissen kann.

Macht muss auch dauernd verteidigt werden; viele grausame Kriege in den vergangenen zwei Jahrtausenden waren und sind bis heute auch Religionskriege oder über Religion motivierte Kriege.

Eigentlich sollte <u>jeder denkende Mensch</u> selber oder im Gespräch zusammen mit andern über die Grundfragen des Lebens nachdenken und dann sein Leben entsprechend gestalten! Niemals dürfte „ein Glauben" „hilflosen Gläubigen" aufgezwungen werden. Selbst vor apokalyptischen Drohungen machen etliche Religionen und kirchliche Gemeinschaften nicht Halt. Das Mittel der Exkommunikation der katholischen Kirche, der Ausschluss aus der Gemeinde, kann tief religiöse Menschen in den psychischen und sogar materiellen Ruin treiben.

Allein die machthungrigen Religionen zu kritisieren greift allerdings zu kurz: wir Menschen sind zu <u>bequem</u>, vielleicht uneinsichtig, um uns über das <u>Wichtigste in unserem Leben</u> – <u>den Sinn des Lebens</u> – zu kümmern, nachzudenken, zu fragen und allenfalls entsprechend zu handeln. Dies überlassen wir den <u>Kirchen als Dienstleistern</u> und machen mehr oder auch weniger motiviert mit; Hauptsache: <u>man</u> ist dabei! <u>man</u> ist „versichert" für alle Fälle nach unserem Tod! Eine kirchliche Gemeinschaft deckt in diesem Sinne auch ein Stück weit unsere „Versicherungsmentalität" ab, aber nicht <u>unsere Eigenverantwortung!</u>

Auch für mich waren mein Beruf, meine Familie, mein Einkommen und viele andere Interessensgebiete früher wichtiger als ein persönliches Engagement zu Religion. Aber schon früh störte mich die Hektik und ein „nonstop artiger Ablauf eines Gottesdienstes" – ich vermisste Zeit zum Nachdenken, zum Überdenken des Gesprochenen, zum Meditieren. So besuchte ich oft Kirchen, wenn keine Gottesdienste stattfanden, um in Ruhe einige Gedanken auszubreiten. Bereitschaft und Zeit zum vertieften Nachdenken folgten erst gegen meine Pensionierung hin. Es ist eigentlich tragisch, dass ich mich erst gegen das Lebensende hin mit dieser Problematik vertieft befasse; denn dieser Prozess sollte eigentlich zur Mündigkeit des Menschen führen, seinen Lebensweg bestimmen und demzufolge vor dem „Erwachsenenleben" stattfinden. Vielleicht drückt hier derjenige Teil der menschlichen Bedürfnispyramide durch, den wir durchaus mit den tierischen Lebewesen teilen.

Da der Glaube vom subjektiven Wissen abhängig ist, ist er auch für jeden Menschen andersartig und er ändert sich deshalb auch dauernd im Laufe des Lebens, bedingt durch unsere Wissensveränderungen und vielleicht auch durch „Altersweisheit". Diese Art „Gottesdienst" sollte uns eigentlich durch unser ganzes Leben begleiten. Der Glaube führt hin zu den menschlichen Emotionen.

Exkurs zur Philosophie

Es gibt keine wissenschaftlich allgemein anerkannte Definition des Begriffs Religion. Wissenschaftlichkeit heisst u.a. objektiv wahr; reproduzierbar, verifizier- oder falsifizierbar; allgemein anwendbar, möglichst messbar. Wissenschaftlichkeit in dieser Form ist für den Begriff Religion per se nicht anwendbar.

Religion befasst sich mit Gedanken über Herkunft des Menschen, sein Leben und den Tod, das Jenseits, das Universum, über einen Schöpfer, über möglichen Sinn des Lebens und „notwendiges Verhalten", um „das Ziel" zu erreichen.

Anders als Religionen, religiöse Gemeinschaften und Weltanschauungen, stützt sich die Philosophie bei der Bearbeitung der oben genannten „philosophischen" Fragen allein auf die Vernunft, d.h. auf rationale Argumentation, die keine weiteren Voraussetzungen (wie z.b. den Glauben an eine bestimmte zugrundeliegende Lehre) erfordert. Überschneidungen zur Religion sind unausweichlich.

Gemäss Immanuel Kant gibt es keinen Beweis für oder gegen die Existenz eines höchsten Wesens, der auf reiner Anwendung der menschlichen Vernunft beruht. Wie Kant in der „Dialektik", dem zweiten Hauptteil der Kritik der reinen Vernunft, zu zeigen versucht, führen alle Gottesbeweise zu Antinomien (unauflösbaren Widersprüchen). „Doch konsequentes moralisches Handeln ist nicht möglich ohne den Glauben an Freiheit, Unsterblichkeit und Gott. Daher ist die Moral das Ursprüngliche und die Religion erklärt die moralischen Pflichten als göttliche Gebote". Damit ist Kant vielleicht das prominenteste Beispiel eines Agnostikers im engen Sinne des Wortes: Kant verneint nur die Erkennbarkeit und Beweisbarkeit Gottes.

Daher ist der Agnostizismus [„nicht wissen, unbekannt, unerkennbar"] vor allem eine philosophische Grundsicht und bezeichnet die philosophische Ansicht, dass bestimmte Annahmen – insbesondere theologischer Art, welche die Existenz oder Nichtexistenz eines höheren Wesens, eines Gottes betreffen – entweder ungeklärt oder grundsätzlich nicht zu klären sind.

Der Atheismus sieht sich vor allem als Gegenpol zum Theismus; Alles ist aus dem Nichts entstanden.

Für den Philosophen Gianni Vattimo liegen die Gründe in einer Wiederkehr des Verdrängten: "Indem der klassische Gedanke der Aufklärung geglaubt hat, er könne die ganze Religion mit einem Mal liquidieren, hat er nichts anderes getan, als sie ins Unterbewusste zu verdrängen". Den Wert der Religion sieht er u.a. in der Verinnerlichung von „gemeinsamen Verhaltensnormen, die man auch Kollektiv-Werte nennt". Auch der Münchner Theologe Friedrich Wilhelm Graf geht diesen Fragen in seinem Buch „Die Wiederkehr der Götter" nach. Für ihn macht die Religion die Bedrohlichkeiten des Lebens erträglich und liefert „etwas wie ein existenzielles Orientierungswissen, wodurch der Mensch gesellschaftliche Umbrüche und persönliche Schicksalsschläge bewältigt... Der Glaube lebt fort, weil die chaotische Welt seiner bedarf."

Prof. Beda Stadler, Uni Bern: Es ist eine wissenschaftliche Tatsache, dass die Moral nicht von Gott kommt. (Sünde, Strafe,)

Schlussfolgerung: Jeder muss seinen Weg, seine Philosophie selber finden und verantworten. Religionen sollten ehrliche Lebenshilfe anbieten; aber ohne unredliche Versprechen und ohne jeglichen Zwang.

DER UNBEKANNTE TOD UND OFFENBARUNGEN

Sehr wahrscheinlich ist der Mensch das einzige Lebewesen, das sich des sicheren Todes bewusst ist; das Leben ist zeitlich begrenzt. Doch die Auseinandersetzung mit dem endlichen Leben, dem Tod, wird zumeist verdrängt; „man" spricht nicht gern darüber oder dann nur oberflächlich. Der Tod ist ein tiefes emotionales Ereignis sowohl für den sterbenden Menschen wie auch für seine Angehörigen und Freunde. Die fehlende Kommunikation mit dem Schöpfer des Universums verunsichert und macht ratlos. Niemand weiss, was danach folgen wird. Die Beschäftigung mit dem Tod führt hin zu Religion, zum Philosophieren über den Sinn des Lebens und insbesondere über die Frage: was folgt nach dem Tod? hat mein Leben auf Erden Einfluss auf die „Zeit" nach dem Tod? gibt es ein Leben nach dem Tod? eine Wiedergeburt auf der Erde? was kann ich tun, dass ich einen „angenehmen Tod" erfahre? was kann / muss ich tun, um nach dem Leben „keine Nachteile" zu erfahren? Die Thematik von „Gut und Böse", von „Belohnung und Strafe" verunsichert denkende Menschen. Es folgt die Frage: wie kann ich mich schützen vor einer möglichen Strafe? – hier manifestiert sich mehr oder weniger unbewusst unser zivilisatorisches Bedürfnis nach Sicherheit (Versicherungsmentalität?). Der Mensch wird wieder ganz klein und hilflos und sucht nach einem Halt, vielleicht nur nach einem Strohhalm. In seiner Hilflosigkeit sucht er einen „menschlichen" oder eben einen „menschenartigen" Gott. Doch die Kenntnisse und Einsichten ins Universum deuten auf einen weit umfassenderen und andersartigen Schöpfer-Gott hin.

Weil der Mensch wahrscheinlich schon zu Urzeiten in Gemeinschaften, Familien, Gruppen, Sippen, Völkern lebte, fühlte er sich sicherer in einer Gemeinschaft. Es besteht aber auch die Gefahr, dass Leader-Figuren (α-Tiere) mit grosser Überzeugungskraft und manchmal auch mit Machtgelüsten einen immer grösseren Einfluss ausüben und Mitmenschen dominieren. Die Schwächsten werden missbraucht. Es wird dann für das Individuum immer schwieriger, selbstbewusst die Ideen, später auch Verpflichtungen dieser Leader zu hinterfragen. Es lockt auf der einen Seite der „Schutz" der Gemeinschaft und auf der andern Seite droht die eigene und gefürchtete Isolation. → vgl. auch diverse Staatsformen.

Um all diese Fragen haben sich seit Urzeiten Menschen befasst, wobei die „göttliche Seite" immer menschenartig oder als übermenschlicher Herrscher betrachtet und entsprechend verehrt worden ist [Pharaonen; diverse Könige und deren Familien → griechische Götter]. Dies führte oft auch zu verordneten „Staatsreligionen". In der Entstehungszeit der grossen Religionen wurden den Frauen die Rechte von Männern verweigert; deshalb wird Gott fast überall als „männliches Wesen" verehrt. Aber auch philosophierende und meditierende Menschen verbreiteten ihre gewonnenen Gedanken. Einige wurden zu Religionsstiftern und ihre Anhänger schufen Religionsgemeinschaften: Christentum, Islam, Hinduismus, Buddhismus, Judentum u.a. Gemeinsam ist allen, dass diese Religionen nicht von Gott geschaffen wurden; es waren immer Menschen, die zwar aus tiefster innerer Überzeugung predigten, auch in der festen Überzeugung, von Gott auserwählt, inspiriert und gesandt worden zu sein. Eine kritische Auseinandersetzung mit der angeführten Thematik behandelt Georg Schmid beispielsweise in seinem Buch: „Zwischen Wahn und Sinn. Halten die Weltreligionen, was sie versprechen?"

Das Wissen um den sicheren Tod ist demnach der Auslöser der angeführten Fragen und ein Anstoss zu Religion. Viele Menschen finden in ihrer Religion Hoffnung auf Schutz auf Geborgenheit sowie, je nach Religion, auf eine Belohnung und eine „gute Situation" nach dem Tod. Die Verbreitung von Hoffnung und Trost sind denn auch fundamentale Anliegen einer Religion. Hilfsmittel für die grossen Religionen dieser Welt sind Offenbarungen von Heilsbotschaften, Versprechungen. Doch wie glaubwürdig sind diese Offenbarungen, welche das Sterben und die Folgen des Todes beschreiben? Es werden wohl kaum alle Religionen mit ihren Vorstellungen, Behauptungen, im Recht sein! Vielleicht trifft weder die Eine noch die Andere zu? Noch nie ist ein Mensch nach seinem Tod auf die Erde zurück gekehrt. Jesus soll „erschienen" sein, aber nicht „leibhaftig zurückgekehrt". Die sogenannten Nahtod-Erfahrungen sind heute medizinisch weitgehend erklärbar und können deshalb den Tod nicht beschreiben. Wer soll das wirklich mit Sicherheit wissen?

Der Tod wird immer ein unlösbares **Geheimnis** bleiben und damit auch der Sinn unseres Lebens. Wir sollten uns dieses Geheimnis nur bewusst machen und die Folgen überdenken!

Wie hilft eine traditionelle Religion, wenn unser Leben nach dem Tod enden sollte, ähnlich wie bei Tieren und Pflanzen? Auch dieser Weg ist eine Möglichkeit, (vielleicht sogar eine Wahrscheinliche?) welcher, wie auch die Offenbarungen, nie verbindlich beantwortet werden kann.

Für diesen Fall wird eine Sinn-Frage über das <u>Leben auf Erden</u> zur wichtigsten Aufgabe für eine Religion:

- wie könnte das <u>Leben</u> dennoch sinnvoll und menschenwürdig gestaltet werden?
- welche Bedeutung kommt der <u>Hoffnung und dem Trost</u> vor dem Tod zu?
- wie werden die fundamentalen Menschenrechte gesichert? Schaffung von ethischen Werten? Moral?
- Zusammenleben von Armen und Reichen? von Kranken und Gesunden? von Männern und Frauen?
- Abgrenzung zu tierischem Verhalten dank höherem Intellekt?

Wenn die behaupteten Offenbarungen aufgegeben werden, entfallen gewichtige Argumente zur Bekämpfung von Andersgläubigen. Es wäre wahrscheinlich ein Ausweg aus diesen hässlichen Religionskriegen weltweit.

Der Tod ist auch ein zwingend notwendiger <u>Evolutionsfaktor</u>, denn sonst könnten sich neue, veränderte Gene nur schwer durchsetzen gegenüber bestehenden Arten. Das heisst, betrachtet aus der Sicht des einzelnen Individuums: Die Vorfahren dürfen nicht weiterleben, wenn die Folgegenerationen von einem Vorteil profitieren sollen.

Religion – Ethik – Kultur

Religionsgeschichte

Schon zu Urzeiten glaubten Menschen an höhere Mächte: diese sorgten beispielsweise nach der dunklen Nacht für einen erneuten Sonnenaufgang, für Regen nach einer Trockenperiode, für Jahreszeiten, für Unwetter oder Krankheiten als Strafe. Diese Mächte oder Götter hatten zumeist menschliche Züge: sie freuten sich über Verehrungen; sie bestraften bei unzureichender Huldigung; sie forderten Opfer und Gaben und Dankesfeiern. Diese Vorstellungen sind heute für uns „zivilisierte und aufgeklärte Menschen" nur noch schwer vorstellbar. Einige dieser Götter oder Mächte lehnten sich an frühere Herrscher ihres Landes an, an dessen Wohltaten für das Volk.

Solche „zivilisatorische Eigenschaften" gelten auch als erste Anzeichen für den Übergang vom Tier zum Mensch, obwohl dieser nicht scharf abgegrenzt werden kann (vgl. Unterschiede Mensch – Tier); es gibt hier noch etliche Wissenslücken; beispielsweise die Frage: geben Gräber Hinweise auf religiöse Bestattungsrituale? Als besonderes Charakteristikum von Menschen wird der Umgang mit dem Feuer bezeichnet; er nutzte es u.a. für die Zubereitung der Nahrung; es diente ihm aber auch als Schutz vor wilden Tieren und als Schutz vor Kälte. Evolution heisst langsame Entwicklung mit Gewinn neuer Eigenschaften, aber auch mit Verlust von bisherigen!

Die Altsteinzeit beginnt mit den ersten hergestellten Steinwerkzeugen des Homo habilis und Homo ergaster vor über 2,4 Millionen Jahren in Afrika. Es dauerte aber noch über 2 Millionen Jahre bis zum Aufkommen der Gattung Homo sapiens, des „heutigen Menschen".

In Mesopotamien wurden erste Kultstätten aus der Zeit 5000 v. Chr. gefunden. Die ältesten ägyptischen Dokumente in Hieroglyphenschrift aus der Zeit 3000 v. Chr. dokumentieren Mythen und religiöse Handlungen. Im alten Ägypten wurden Pharaonen oft als Götter verherrlicht, einige posthum und andere bereits zu Lebzeiten.

Götter waren bis hin zu den Griechen und Römern allesamt immer menschenartig mit menschlichen Stärken und Schwächen und sie waren zumeist zuständig für irgendein Natur-Phänomen, welches damals noch niemand erklären konnte: Sonnengott, Meergott, Rachegott, Gott der Blitze usw. Selbst die täglichen Bedürfnisse und Anliegen begründeten die Existenz von Göttern: Liebesgöttin (Amors Pfeil), Weingott, Göttin der Jagd, Götterbote, usw. Geschichten über wichtige und einflussreiche frühere Herrscher entwickelten sich zu Mythen, die damals als real verstanden wurden. Der Übergang von einem angesehenen oder erfolgreichen Herrscher zu einer Gottheit war dann zumeist nur noch eine Frage der Zeit; die menschlich fehlerhaften Züge blieben oft erhalten.

Mehr als 1000 Jahre vor der biblischen Schöpfungsgeschichte wird über ähnliche Geschichten berichtet aus dem Reich der Sumerer und auch der Babylonier. Teile davon sind im Gilgamesch-Epos um etwa 1200 v.Chr. auf Tontafeln festgehalten. Diese wurden allerdings erst nach 1842 im Raum Ninive im Zweistromland ausgegraben. Die Regentschaft dieses legendären Königs von Uruk, nahe von Ur, wird auf ca. 2700 v.Chr. datiert. Die Auswertungen der in Keilschrift erhaltenen Funde dauern noch heute an. Die Tontafeln enthielten neben dem Gilgamesch Epos auch Hinweise auf die Geschichte der Sintflut. Es kann demnach vermutet werden, dass der biblische Stammvater Abraham aus Ur im Zweistromland diese Geschichten kannte und sie in das Land Judäa (ca. 2100 v. Chr.) mitbrachte und als „neue" Geschichte von Adam und Eva weiter verbreitete. Etliche Bereiche des Alten Testamentes beschreiben „Geschichten" aus dem Babylonierreich, wurden allerdings erst viel später (ca. 500 – 600 v.chr.) aufgeschrieben. So könnten Teile der Bibel von älteren mesopotamischen Quellen überliefert oder entliehen sein?

Mythen – Religion

Aus fast allen alten Kulturen sind Mythen bekannt. Noch bevor die Schriftzeichen als Kommunikationsmittel geschaffen wurden, drückten Menschen in Zeichnungen ganze Geschichten aus; die ältesten noch als Höhlenzeichnungen und später auf gebrannten Tontafeln. Konkreter sind die Relikte mit den ältesten Schriftzeichen, die Hieroglyphenschriften. Diese heute noch erhaltenen Zeitdokumente geben uns Einblick in das damalige Leben und die gelebte Kultur. Berühmt und besonders aufschlussreich sind die Funde aus Ninive.

Die Mythen sind nicht einfach Märchen aus alten Zeiten; sie haben zumeist einen realen Hintergrund. In vielen Fällen liessen sich die beschriebenen Geschichten über ältere Zeitdokumente gewissen Zeitgeschichten und damaligen Herrschern zuordnen.

→ vgl. oben: ca. 1200 v.Chr. Niederschrift des Versepos „Gilgamesch"

→ vgl. ca. 800 v.Chr. Niederschrift von Homers Ilias und Odyssee; die Trojanischen Kriege fanden wahrscheinlich ca. 1200 v.Chr. statt.

Der Übergang von mythischen Gestalten zu Göttern wurde oft von Herrschern und Regenten „verordnet" und damit zu einer Art „Staatsreligion". Zeugnisse davon liefern beispielsweise die Geschichten der ägyptischen Pharaonen, aber auch diverse Herrscher in Kleinasien, im Zweistromland. Viele dieser Herrscher bildeten zu Lebzeiten das einzige Bindeglied zu den Göttern und wurden deshalb auch entsprechend verehrt, oft noch posthum mit gigantischen Monumenten (Gräber, Tempel, Pyramiden). Hier manifestiert sich die enge Verflechtung von Religion, Kultur und Macht.

Götter wurden verehrt; um dies zu bezeugen, wurden Feiern organisiert, Zeremonien zelebriert und den Göttern mit „Opfern" gehuldigt. Aus einer Religionsphilosophie heraus entstand eine besondere Ethik und aus dem Zusammenleben innerhalb einer Religionsgemeinschaft entwickelte sich eine Kultur. Regeln für ein „vernünftiges und friedliches Zusammenleben" führten hin zu Ethik oder Moral (oft werden die beiden Begriffe einander gleichgesetzt → Wikipedia) und zur heutigen „menschlichen Zivilisation".

Betrachtet man nur den ethischen Bereich diverser Religionen, so liegen die Unterschiede nicht sehr weit auseinander. Die ethischen Vorgaben in den 10 Geboten von Moses gelten „im übertragenen Sinn" auch für Juden und Muslime und auch im Hinduismus und Buddhismus gelten ähnliche ethische Vorgaben für ein „gutes Leben". Die erste Tafel von Moses enthält die Verherrlichung Gottes und zwar aus einer menschlichen Sichtweise, die zweite Tafel enthält die ethischen Grundsätze, die für das Zusammenleben aller Menschen von fundamentaler Bedeutung sind. [gegenseitig vertrauen - nicht lügen, nicht stehlen; nicht töten; Sexualität in Sorge um Kinder; etc.] Hier unterscheidet sich der Mensch besonders ausgeprägt von seinen tierischen Verwandten.

Immer wieder stossen wir dabei auf die Vorstellung eines „menschlichen Gottes" und dies, obwohl mehrere Religionen fordern, dass der Mensch sich kein Bildnis von Gott schaffen sollte (im Vater Unser: ...dein (König-)Reich komme, deutet auf ein menschenähnliches Wesen mit einem grossen Reich). Die Bibel widerspricht sich allerdings mit dem Satz aus der Schöpfungsgeschichte:" ... Er schuf den Menschen nach seinem Ebenbild ....".(vgl. Schöpfungsgeschichte). Damit überschätzt sich der Mensch gewaltig, doch dieser Satz wurde bis heute beibehalten! Wie eingangs erwähnt, muss ein Schöpfer des Universums für uns Menschlein absolut unvorstellbar sein. Diese anthropomorphe und anthropozentrische Sicht von Gott ist insbesondere im christlichen Glauben ausgeprägt; möglicherweise durch den Kreuzgang des „Sohnes Gottes", die Ansprache durch Gott an Propheten, Prediger, Traumdeuter.

Offene und ehrliche Überzeugungen bis hin zu Hoffnung, Wunschdenken, Glauben waren Triebfedern von Religionsstiftern. Diese tiefste innere Überzeugung, aber auch eine starke Überzeugungskraft und ihr persönliches Beispiel waren Voraussetzungen für den Zulauf von Anhängern der Religionsstifter der grossen Weltreligionen. In gewissem Ausmass trifft dies auch heute noch zu für die unzähligen Freikirchen auf der ganzen Welt. Religion entsteht aus Hoffnung und Ängsten und aus einer inneren tiefen Überzeugung eines Einzelnen, vielleicht einer Gruppe (Jesus und seine Apostel), auf diesem Weg eine Verbindung zum Schöpfer und damit zum Jenseits zu erlangen.

Wir sollten empathisch die Grundlagen der grossen Religionen betrachten, um sie zu begreifen und vielleicht zu verstehen. Aber alle diese Grundlagen müssen auch mit dem Wissen der heutigen Zeit überprüft und in Einklang gebracht werden. → auf Wahrheit überprüfen.

Bibel zwischen Wahrheit und Emotionen

Fakt: Die Bibel wurde von Menschen geschrieben und nicht von Gott !

Dasselbe gilt für die fundamentalen Bücher aller Religionen. Anführer und Regenten der Juden, die als gottesfürchtig bezeichnet wurden, liessen verschiedenste Geschichten weiter verbreiten und später, Jahrzehnte, Jahrhunderte oder noch später, niederschreiben – oder sind es doch eher Mythen mit realem Hintergrund? mündlich über Jahrhunderte überlieferte Geschichten? Wie präzise ist das menschliche Gedächtnis über Monate? Jahre? Jahrzehnte?? und dazu eine Funktion des Alters! der Stimmung! der aktuellen Interessen! der Absichten! der Zielsetzung! Die Schreiber der Bibel waren „von Gott inspiriert", „vom Heiligen Geist bewegt und vor schwer wiegenden Irrtümern bewahrt worden", so die heutige Interpretation der Christlichen Religionsführer. Reicht diese Aussage? Behauptung?

Viele Bücher des Alten Testamentes wurden in der Zeit der babylonischen Gefangenschaft der Juden, ca. 550 v. Chr., nieder geschrieben und dies wohl in Kenntnis der babylonischen Mythen aus der Zeit um 4000 – 2000 v.Chr. Die Könige David und Salomon regierten etwa 1000 v.Chr. Mit Sicherheit kann heute gesagt werden, dass die Bibel kein exakt historisches Dokument ist, was allerdings ihren ethisch-moralischen Wert in keiner Weise schmälert.

Als Autor der Apostelgeschichte gilt der Evangelist Lukas; sie wurde wahrscheinlich etwa um 70 n.Chr., etwa 40 Jahre nach Christi Tod geschrieben. Die wichtigsten Teile des Neuen Testaments entstanden etwa zwischen 50 und ca. 130 n. Chr. im jüdisch-christlichen Umfeld des östlichen Mittelmeerraums.

Aber der irische Bischof James Ussher hatte 1654 nach intensivem Bibelstudium und wörtlicher Übernahme aller Aussagen das Datum der Schöpfung auf den 23. März 4004 v. Chr. berechnet. Die für die Juden lange Zeit (für einige noch heute) gültige Zeittafel über die Heilige Schrift von Dr. Zunz datiert die Erschaffung der Erde auf das Jahr 3988 v.Chr. Danach wäre die Welt etwa 6000 Jahre alt; Geologen und Anthropologen aber haben gute Argumente und Beweisstücke für ein Alter der Erde von etwa 5 Milliarden Jahren und für die Entstehung der Menschheit vor 2 bis 6 Millionen Jahren. Viele streng evangelikale Christen, Kreationisten, besonders in den USA, halten nach wie vor an diesem berechneten Datum um 4000 v. Chr. fest und negieren sämtliche diesem widersprechenden wissenschaftlichen Fakten, insbesondere der Evolutionsgeschichte, aber auch der Geologie und weiterer exakten Naturwissenschaften. [Schätzungen gehen in den USA von gegen 50 Millionen Evangelikalen aus und diese bilden eine wichtige „Hausmacht" der Republikaner (Santorum, Bush, Tea-Party, Sarah Pailin) – sie erfordern deshalb entsprechende politische Rücksichtnahme!]

Die Juden waren in den zwei Jahrtausenden vor Christi Geburt immer wieder von verschiedenen Völkern unterworfen worden, z.T. wurden sie verschleppt nach Ägypten und nach Mesopotamien → verlorene 10 Stämme Israels. Hoffnung war wichtig zum Überleben und so kam damit auch ein Glaube auf, eine Sehnsucht, eine überlebenswichtige Hoffnung bis hin zur tiefsten Überzeugung auf eine Rückkehr bzw. Rückführung in ihre ursprüngliche Heimat, ins „Gelobte Land", an einen Heilsbringer, Erlöser oder Heiland – den Messias. Viele Wanderrabbis und Propheten predigten vom kommenden Messias und nährten die Hoffnung der Juden auf eine Erlösung. Die Juden akzeptieren Jesus als Prophet; aber sie erwarten noch immer ihren Erlöser.

Wenn von Hoffnung, den zahlreichen kriegerischen Ereignissen, von vielen Ruhmestaten und nur schwer nachvollziehbaren Wundern, von Traumdeutungen im Alten Testament abstrahiert wird, so finden sich dahinter tiefgründige philosophische Sätze von Juden, die tatsächlich nach einem möglichen Sinn des Lebens, nach dem Transzendenten suchten, sich damit auseinandersetzten und daraus zu einer Lebensphilosophie fanden. Aber dieser effektiv religiöse Gehalt muss leider bruchstückweise in der Bibel gesucht werden, ja er geht unter in emotionalen Geschichten, die nicht viel zu einem guten Glauben beitragen. Es sind viele Geschichten darin, welche von den heute „aufgeklärten" Menschen zwar als schöne Geschichten, aber nicht mehr als Fakten ge-glaubt werden. **Der effektiv religiöse Gehalt des Alten Testamentes sollte in komprimierter Form, frei vom angeführten „Ballast", veröffentlicht werden, um der Bibel zu einer aktuellen, und auch einer vom heutigen Volk verständlichen Form zu verhelfen.**

Frau Ranke-Heinemann, *1927, evang. Tochter des ehemaligen Deutschen Bundespräsidenten Heinemann, Konvertitin und erste deutsche Professorin für Katholische Theologie, stellte in ihrer wissenschaftlichen Forschung viele gravierende Unstimmigkeiten und Widersprüche zwischen den verschiedenen Evangelien fest. Von insgesamt 7 Evangelien (andere sprechen von bis zu 30 Evangelien) sind nur deren 4 von der Katholischen Kirche offiziell zugelassen, anerkannt – passen 3 oder mehr davon nicht zur offiziellen Doktrin? Beispielsweise das Verhältnis von Jesus zu Mirjam? Wichtig zu wissen ist auch, dass die Schriften des Neuen Testamentes über Christus nicht von Christus selber stammen, sondern von „Jüngern" und Aposteln; einige haben Jesus persönlich gar nicht gekannt, z.T. entstanden Texte nach dem Jahr 100 n. Chr. Das erste Evangelium von Markus wurde erst etwa um 70 n. Chr. geschrieben. In diesem Evangelium ist beispielsweise Judas Ischariot nicht der Verräter von Jesus wie beim Evangelist Lukas. „Der Heilige Geist, der mit Sturm und Feuer vom Himmel herabgefahren kam soll Hierarchie und Papsttum begründet haben – dies ist auch nicht ein besonders glaubwürdiger Gründungsakt" (Ranke). Das Evangelium nach Johannes soll etwa im Jahre 100 n.Chr. entstanden sein.

Wenn die Bibeltexte richtig verstanden werden sollen, dann muss auch das Umfeld der Entstehung mitberücksichtigt werden. Die Schöpfungsgeschichte der Bibel ist in Anbetracht des damaligen beschränkten Wissens entstanden. Sie wird durch die heutige Sicht nicht verworfen, sondern in einen etwas grösseren Raum, das Universum gestellt und aus den „Schöpfungstagen" sind Jahrmillionen und –milliarden geworden. Reiche Ausschmückungen und Übertreibungen, Überhöhungen wurden im Orient nicht als unkorrekt empfunden; es sollte dadurch vielmehr die göttliche Grösse überdeutlich gemacht und die Hoffnung und der religiöse Glaube vertieft werden. Die jüdische Sicht wird zu einseitig dargestellt. Ohne blasphemisch zu werden muss auch auf die spätere Zeit mit den Geschichten aus „1000 und einer Nacht", einem Klassiker der Weltliteratur, hingewiesen werden, welche in diesem geographischen Umfeld entstanden sind: Phantasie, Ausschmückungen, Übertreibungen waren durchaus normal, ja gekonnt und für Einige als hohe schriftstellerische Kunst, als Fabulierkunst geschätzt. Dazu gehörten auch Metaphern und Allegorien.

Die bisherigen Darlegungen zeigen eines deutlich: die Bibel darf nicht als eine exakte historische Geschichtsschreibung betrachtet und nicht jedes geschriebene Wort darf wörtlich genommen werden. Das „Neue Testament" wurde bereits zum Aufbau einer Machtstruktur der damals noch jungen Kirche missbraucht; das darauf basierende Papsttum hat dann in der Folge sich zu einer sehr autoritären Weltmacht entwickelt, welche ihren (Zwangs-) Anhängern / Gläubigen eine eigene freie Meinung verbietet oder sogar mit Exkommunikation (besonders häufig im Mittelalter; heute Prof. Küng; Prof. Uta Ranke-Heinemann: Entzug der Lehrerlaubnis) bis hin zum Tod bestraft wurden. Weil das Christentum in Europa vielerorts zur Staatskirche wurde, konnten Aufmüpfige, aber ebenso tief überzeugte Menschen, Wissenschafter, vor ein Inquisitionsgericht gestellt und zum Tod verurteilt werden. So musste der bekannte Wissenschafter Galileo Galilei (1564 – 1642) seine Beobachtungen über die Erde als rotierende Kugel, statt wie bis anhin angenommen als Scheibe, entgegen seiner Überzeugung leugnen, um dem Todesurteil zu entgehen.

Jesus hat zwar von sich gesagt, er sei Sohn Gottes; in einer anderen Situation sagte er auch: ihr alle seid Kinder Gottes, andernorts „Söhne und Töchter" Gottes, je nach Übersetzung. Er sagte nach meinen Informationen offensichtlich nie: „ich bin Gott / oder Teil von Gott". Im Gegensatz zu anderen Religionsstiftern, die sich nur als „Propheten" bezeichneten, wurde Jesus via die „Botschaft des Heiligen Geistes" als zum Triumvirat Gottes gehörend gemacht; also erst nach seinem Tod auf die Stufe neben Gott gesetzt. So etwas können nur „Kirchenjuristen" / Kirchenväter konstruieren und trotzdem nur von einem einzigen Gott predigen. Andrerseits wurden Völker mit mehr als nur einem einzigen Gott als Heiden bezeichnet.

Es wäre interessant, mehr vom Leben von Jesus zu kennen; doch es ist nur wenig davon beschrieben mit Ausnahme der letzten Zeit bis zum Tod am Kreuz – eigentlich eine schwache Basis für eine so wichtige Religion. Jesus war ein Wander-Rabbi, wie es offenbar zu jener Zeit etliche in Raum Galiläa gab, der sich später als Messias des jüdischen Volkes glaubte (Kenneth C. Davis). Er wurde denn auch, wie andere „Messiasse", von den römischen Machthabern als Aufwiegler und Feind des römischen Kaisers verfolgt und hingerichtet. Er war zeitlebens ein Jude. Er redete in Gleichnissen, wie es sie im Talmud in grosser Menge davon gibt. Die meisten sittlichen Forderungen waren auch schon in früheren Schriften, z.B. von Moses, enthalten. (Weiland)

Die Hochstilisierung von Jesus zum Stifter einer neuen Religion – dem Christentum – erfolgte erst Jahrzehnte später, allen voran durch den hoch intelligenten Paulus von Tarsus; und dies war möglicherweise nicht die Absicht von Jesus. Das Kreuz des hingerichteten Jesus trug die Inschrift: König der Juden.

→ Das „Paulinische Christentum"

Begriffe / Gedanken:

„Opfer" ist ein Begriff, der noch aus Zeiten von heidnischer Götter-Verehrung stammt. Es geht zumeist einher mit einem Rituale. Opfergaben können Gegenstände, aber auch Tiere oder gar Menschen sein → vgl. Abraham wurde im Traum von Gott aufgefordert, seinen Lieblingssohn Isaak zu opfern und er soll dann in letzter Minute von Gott daran gehindert worden sein. Wem nützt ein Opfer? Diese Frage stellt sich insbesondere, wenn für „Jenseitige" ein Opfer dargebracht wurde. Heute wird Opfer in einem übertragenen Sinn verwendet: Zeit „opfern" für Mitmenschen, Kranke oder Einsame, ist menschlich ein gutes Werk und ist im Sinne von „geteilter Freude" tatsächlich eine doppelte Freude. Es ist Hilfe für Mitmenschen – im christlichen Sinne „Nächstenliebe". Demgegenüber ist ein Opferritual oder „Opfergeld" ein anonymes Werk für etwas scheinbar „Göttliches"; es soll dadurch ein ungutes Gewissen beruhigen und entlasten, dient aber effektiv niemandem.

„Sünde" ist nach christlichem Verständnis eine willentliche Abkehr von Gott, von seinem guten Willen. Nach Paulus ist die Sünde eine Macht, welche die Menschen zu Sklaven ihrer Leidenschaften macht. Sünden sind Zuwiderhandlungen gegen die mosaischen Gesetze, die „Zehn Gebote". Es sind Gebote, die im Laufe der Zeit, der Zivilisation der Menschheit, entstanden sind und ein tolerantes Zusammenleben ermöglicht haben. Sie bilden noch heute das Fundament der christlichen Kultur. Sie gelten aber sinngemäss für die meisten Religionen / Konfessionen. Hier liegt ein signifikanter Unterschied zum Tierreich, wo i.d.R. nur wenige Einschränkungen im Zusammenleben beobachtet werden können. Die Sünde ist für praktizierende Christen eine ererbte Belastung in Form der Erbsünde, die nur durch Priester in Form der Taufe vergeben werden können. → vgl. Evolution versus „Adam und Eva".

In der Folge wurden viele weitere Formen des Ungehorsams gegenüber Gott in die Zehn Gebote hinein interpretiert; in neuerer Zeit wurde durch die Kurie beispielsweise die Benutzung eines Kondoms als Sünde dargelegt und die weltweite Verbreitung von HIV bei den Ärmsten stillschweigend hingenommen. Viele Kirchgänger missachten zwar diese und andere „Vorschriften" und geben sich trotzdem noch als praktizierende Katholiken aus.

Diese Darstellung eröffnet die Frage, die bei allen Religionen gestellt werden kann oder muss: wie viel Abweichung von der „Lehre" wird toleriert? Anders gefragt: wann gehört man noch zu einer bestimmten Religions- /

Konfessionsgemeinschaft, wenn man gewisse „Vorgaben" nicht akzeptiert?

→ vgl. auch den Schweizerischen Bundesgerichtsentscheid vom Juli 2012: „Austritt aus der Katholischen Kirche und trotzdem katholisch".

Ein Gericht ist eine von Menschen geschaffene Instanz zur Belohnung von „Gut" und Bestrafung von „Böse". Das von Menschen erdachte „Jüngste Gericht" sollte deshalb nicht als Druckmittel für die Kirchgemeinde herhalten. Ein diesbezügliches Urteil über das Leben von Menschen muss allein Gott überlassen werden.

Andere Religionen

Islam

Der Religionsstifter des Islam, Mohammed, 570 – 632 n.chr., soll seine „Botschaft", den Koran, in den diversen Suren zu einem grossen Teil selber geschrieben haben, während die christliche Botschaft immer eine „Zweitmeinung", zeitlich stark versetzt, darstellt. Mohammed wird als der „Gesandte Gottes" bezeichnet. Seine Lehre und seine Offenbarungen basieren auf den „jüdischen" Glaubensbüchern, deren Propheten wie Abraham, Moses und Jesus. Christen, Muslime und Juden haben auch fast die gleiche Vorstellung vom „Jüngsten Tag". Der Islam ist wie das Christentum auch eine Offenbarungsreligion.

Viele Muslime wollen auch den Gottesstaat, nämlich den Koran, als Richtlinie für die staatliche Gesetzgebung und teilweise sogar als staatliches Gesetzesbuch verankert haben. Die Suren werden allerdings von verschiedenen muslimischen Gruppierungen (Schiiten, Sunniten, Alawiten, Salafisten, Wahabitten etc.) sehr unterschiedlich interpretiert und ausgelegt. Die Unterschiede sind weit grösser als in den meisten christlichen Glaubensgemeinschaften (hier grössere Abweichungen bei den Mormonen, Scientologen).

Judentum

Im Gegensatz zu vielen heidnischen Naturvölkern glaubten Juden schon Jahrtausende vor Christus nur an einen einzigen Gott, den Gott Israels. Die jüdische Religion basiert auf mündlichen Überlieferungen und viel späteren schriftlichen Aufzeichnungen aus der Zeit von Abraham, Moses bis hin zu Christus und darüber hinaus. Schriftliche Aufzeichnungen erfolgten aber nicht durch die vielen Propheten, Psalmisten und Könige, sondern wurden erst wenige Jahrhunderte vor Christus aufgezeichnet. Das Alte Testament beschreibt die Geschichte des Judentums und wird dann, mit Einschränkungen, auch von der christlichen Kirche und später von Mohamed im Islam übernommen. Damit haben Judentum, die christlichen Kirchen und der Islam die gleichen Wurzeln. Das Alte Testament darf allerdings nicht als historisches Dokument betrachtet werden; viel mehr sind es Geschichten, die den Juden eine Identität beibrachten und insbesondere eine Hoffnung in Zeiten von Verfolgung, Unterjochung und Verschleppung – das von Gott „Auserwählte Volk". Jesus ist für Juden ein grosser Prophet, aber noch nicht der Messias, der Erlöser, auf den sie immer noch warten.

Das Judentum ist ebenso vielfältig wie andere Religionen: Ultraorthodoxe, Orthodoxe bis hin zu säkularen Juden, abhängig vom historischen Zeitpunkt, auf welchem ihr Glaube basiert. Säkulare Juden akzeptieren die religiösen Werte, aber sie praktizieren ihre Religion nicht. Weil viele „religiöse Vorschriften" aus kaum überprüfbaren Überlieferungen stammen, ist das Leben streng gläubiger Juden aus „mosaischen Zeiten" mit entsprechendem Verhalten, Kleidung und Barttracht für Aussenstehende nur schwer zu begreifen. Ein archaisches Leben, aber mit dem Komfort und Luxus von heute!

Hinduismus

Das Kastensystem ist eines der Hauptmerkmale der indischen Gesellschaft. In Indien wird jeder Mensch aufgrund seines Karmas in eine bestimmte Kaste hineingeboren. Dieses sichert zusammen mit dem Gedanken der Reinkarnation, der Wiedergeburt, den „herrschenden Familien" der Hindus mit ihren Nachkommen bis zum heutigen Tag ihre Privilegien. Angehörige niederer Kasten werden bei guter „Führung" in einem nächsten Leben durch Aufstieg in eine höhere Kaste vertröstet. Aus machtpolitischer Sicht könnte auch von „fügsam machen" gesprochen werden. Diese Kastenzugehörigkeit ist vererbbar und die Regeln der Kaste bestimmen den späteren Ehepartner sowie das ganze spätere Leben. Seit der Unabhängigkeit Indiens 1947 ist dieses Kastensystem offiziell von der indischen Regierung abgeschafft, trotzdem spielen die Kasten und Normen auch heute noch eine wichtige Rolle, weil sie die Entwicklung des Staates und der Gesellschaft inoffiziell mitbestimmen.

Buddhismus

Im Gegensatz zum Hinduismus kennt der Buddhismus kein „Kastensystem".

Buddha heisst wörtlich „Erwachter" oder „Erleuchteter". Es ist ursprünglich die Bezeichnung für den historischen Buddha, Siddhartha Gautama, 544 v.Chr., der mit seiner Lehre zum Stifter einer Weltreligion wurde. Keine Kasten;. Gott als Energie. Eintritt ins Nirwana als oberstes Ziel; danach keine Reinkarnation mehr. Einige Gelehrte streiten sich, ob Buddhismus überhaupt als Religion oder eher als Philosophie, eine Wegleitung für ein gutes Leben, bezeichnet werden soll.

Wikipedia gekürzt: Im Buddhismus als Religion versteht man unter einem Buddha ein Wesen, welches aus eigener Kraft die Reinheit und Vollkommenheit seines Geistes erreicht und somit eine grenzenlose Entfaltung aller in ihm vorhandenen Potenziale erlangt hat: vollkommene Weisheit und unendliches, gleichwohl distanziertes Mitgefühl mit allem Lebendigen. Siddharta Gautama hat bereits zu Lebzeiten Nirwana verwirklicht und ist damit nach buddhistischer Überzeugung nicht mehr an den Kreislauf der Reinkarnation gebunden. Basis der buddhistischen Praxis sind die „Vier Edlen Wahrheiten": Erstens die Erkenntnis, dass das Leben von Leiden geprägt ist, zweitens die Erkenntnis, dass dieses Leiden durch Gier, Hass und Verblendung verursacht wird, drittens, dass das Leiden durch Beseitigung dieser Ursachen beendet werden kann und viertens, dass der Weg dahin über den „Achtfachen Pfad" führt. Das Erwachen ist von transzendenter Natur, mit dem Verstand nicht zu erfassen, ist „tief und unergründlich wie der Ozean", weshalb sich diese Erfahrung einer Beschreibung mit sprachlichen Begriffen entzieht. Ihre Qualität ist für Menschen, die diese Erfahrung nicht selbst gemacht haben, nicht nachzuvollziehen.

Während die Gebote von Moses mehrmals den Satz: „du sollst nicht" wiederholen, gibt Buddha Anleitungen im Sinne von: „ du sollst .."

Baha'i

→ abrahamitischer Monotheismus. <u>Religionsstifter</u> <u>Baha'ullah</u> (1817–1892). Sie ist eine der jüngsten weltweit verbreiteten Religion. Religion darf der Vernunft und der wissenschaftlichen Erkenntnisse nicht widersprechen. Wichtigstes Element ist die Nächstenliebe. Symbol ist der neunzackige Stern. ca. 10 Millionen Mitglieder weltweit, Tendenz zunehmend. Kaum Riten, individueller Gestaltungsfreiraum.

Es darf wohl allen grossen Religionsstiftern attestiert werden, dass sie mit der Weitergabe ihrer tiefsten Überzeugung Mitmenschen einen guten Weg durch unser Leben aufzeigen wollten. Weitgehend gemeinsame Ethik-Grundsätze auf der Welt haben zu dem geführt, was man heute unter „Zivilisation" subsummiert: sich gegenseitig respektieren, akzeptieren, tolerieren, unterstützen → u.a. Menschenrechte: Glaubens- und Gewissensfreiheit. Zu Machtgebilden wurden Religionen meist erst später.

Unterschiede - Formalismus

Einen wesentlichen Unterschied unter den diversen Religionen bildet der „Glaube" über die Folgen des Todes: Gericht, Belohnung, Bestrafung, Wiedergeburt etc. Ausgerechnet über diese für Religionen fundamentale Frage kennen wir keine Sicherheit und wir werden diese auch niemals erfahren; es bleibt ein Geheimnis. Sie bleiben Behauptungen, Wunschvorstellungen oder, wie es Religionen bezeichnen: Offenbarungen. Es wird gestritten, Andersgläubige verunglimpft und es werden sogar Kriege geführt über ein Dogma, das effektiv keinen Anspruch auf Wahrheit belegen kann und nie belegen wird.

Andrerseits ist die Suche nach einem „sinnvollen Lebensweg" den wichtigsten Religionen gemeinsam und auch die Vorstellungen dazu sind im Grundsätzlichen gar nicht sehr weit auseinander. Alle Mitglieder der Vereinten Nationen akzeptieren gemäss Beschluss der UN-Generalversammlung von 1966 die **„Menschenrechts-Charta"**, in Kraft seit 1976. Zuvor existierte die Allgemeine Erklärung der Menschenrechte, die International Bill of Human Rights. Ethische Grundsätze sind bereits in den mosaischen Gesetzen angeführt. Die diversen Religionen haben mitgewirkt an der Erstellung der Charta der Menschenrechte und seit 1978 sind diese verpflichtend für alle UNO-Mitgliedsländer. Aber etliche grosse Religionen nehmen diese Menschenrechte nicht so genau: Missachtung von Glaubens- und Gewissensfreiheit; Gleichberechtigung unabhängig von Geschlecht und Hautfarbe etc. wird einfach ignoriert.

Es wäre deshalb die Aufgabe derjenigen Staaten, in denen Religionsgemeinschaften die in der Charta festgelegten Menschenrechte missachten und verletzen, mit der Staatsmacht einzugreifen, zu sanktionieren und Unrecht zu korrigieren. Doch Kirchen und Staat sind (fast) überall auf der Welt miteinander verbandelt. So bleiben die UNO-Menschenrechte im religiösen Bereich weiterhin nur Makulatur.

Aber Feindschaften, Misshandlungen, Verfolgungen bis hin zu Kriegen zwischen verschiedenen Religionsgemeinschaften folgen aufgrund der von allen Seiten oft fundamentalistisch geführten unbekannten und nicht belegbaren Vorstellungen über die Folgen des Todes. Dies „rechtfertigt" denn oft auch die Missachtung der fundamentalen Menschenrechte „im Namen Gottes" / „Allahs"! Wie viel sinnvoller wäre doch ein Weg, der die Gemeinsamkeiten in den Vordergrund stellt und das „Unsichere" jedem selber überlässt oder zugesteht. → **Verzicht auf Macht!**

Obwohl der Islam, das Judentum und das Christentum im Alten Testament über gemeinsame Wurzeln verfügen, sind daraus grundverschiedene Religionen und Kulturen erwachsen. Eigenartigerweise unterscheiden sich Religionen, entsprechend auch Konfessionen und andere Glaubensgemeinschaften, ausgeprägt vor allem im formalen Bereich. Der Formalismus spielt generell eine sehr wichtige Rolle für Religionen. Sollten Antworten auf die Grundfragen nach dem Sinn des Lebens nicht primär unseren „Geist", unser Gehirn, unseren Intellekt ansprechen und nicht extrem auf Äusserlichkeiten ausgerichtet sein? Und ausgerechnet dieser Formalismus hält sich bis in unsere neueste Zeit als eines der wichtigsten Charakteristiken einer Religion – diese sprechen unsere viel stärkeren Emotionen an! (→ vgl. Beschneidung von Knaben bei Juden und Moslems; Ausrichtung beim Gebet der Muslime nach Mekka; das Kreuzzeichen der Christen; Schächten der Tiere bei Juden und Moslems; Ess-Vorschriften, speziell Fleisch bei Juden, Hindus, Moslems; Bekleidungsvorschriften und Barttracht bei orthodoxen Juden etc.).

Viele Kriege in der Vergangenheit bis in die Gegenwart waren und sind religiösen Ursprungs. (z.B. der 2. Weltkrieg hatte die Vernichtung der Juden zum Ziel; der Nordirland-Konflikt mit Katholiken gegen Protestanten; der 2. Villmergerkrieg in der Schweiz: Katholiken gegen Protestanten; aktuell Schiiten gegen Sunniten im Irak, und Salafisten gegen Sunniten und Schiiten in Syrien; Christen gegen Muslime im zentralen Afrika). Noch heute sind die aktuellen Kriegsschauplätze auf der ganzen Welt fast ausnahmslos religiös motivierte Kriege; Kriege, um Machteinfluss zu vergrössern. Von Toleranz keine Rede. Noch heute ist „Freidenkern" ein Kreuz in einem säkularen Raum oder auf einem Berg ein Dorn im Auge und verleitet immer wieder zu Vandalenakten, zu Zerstörung. Die heute eigentlich weltweit gültigen Grundrechte der Menschen wie z.B. die Glaubensfreiheit (intellektueller Teil) werden über alle Religionen hinweg mit Füssen getreten. Die eigentlich von den Menschenrechten geforderte Toleranz wird weltweit missachtet. Wer gebietet hier endlich Einhalt? Wo muss für eine Veränderung angesetzt werden, wenn nicht bei der **Wahrheitsfindung bei allen Religionen?**

In der heutigen Welt der zwei grössten Religionen - Christen und Muslimen – treten die gemeinsamen Wurzeln leider derart in den Hintergrund, dass nur noch die gravierenden ethischen und zivilisatorischen Differenzen wahrgenommen werden. Die vielen sogenannt „Moderaten" auf beiden Seiten, die mit Toleranz und etwas „aufgeklärtem Geist" für ein friedliches Leben nebeneinander einstehen, konnten sich bis anhin kaum Gehör verschaffen (die <u>schweigende</u> und/ oder passive Mehrheit?). Auf beiden Seiten dominieren die Extremen (→ in den USA gegen 50 Millionen „strenggläubige Christen", die Evangelikalen, gegen die Liberalen und die Anhänger der Evolution).

Gemeinschaft gibt auch Sicherheit – was viele Menschen tun, kann kaum falsch sein? Diese Denkweise kann gefährlich sein und dabei das Denken sogar ausschalten. Viele laufen einem Leader, vielleicht einem Bluffer oder eben einem Verführer nach, der sie beeindruckt und scheinbar überzeugt oder etwas suggeriert. Das <u>grösste Problem der grossen Religionen</u> besteht darin, dass nur eine unidirektionale Kommunikation akzeptiert wird; Mitdenken, Mitwirken und <u>Demokratie wird nicht toleriert</u>!

Teile der Bibel (mehr das Neue denn das Alte Testament mit den vielen Kriegs-Geschichten) enthalten aber auch eine sehr wertvolle <u>Lebensphilosophie</u>, eine Anregung zum Nachdenken, eine Goldgrube für Denkanstösse und eine spirituelle Erbauung. Abgesehen von den vielen kriegerischen Geschichten und unglaubwürdigen Deutungen kann sie durchaus einen überzeugenden möglichen Lebensweg aufzeigen.

Das Christentum hat eine Ethik geschaffen, die zu den heute weltweit anerkannten Grundrechten, den „Menschenrechten", aber auch zur Rücksicht und

Toleranz gegenüber den Mitmenschen geführt hat. Und dies trotz vielen Problemen bei der Umsetzung.

Die Umsetzung und insbesondere die <u>Etablierung der Religion als Institution</u> und der anschliessende <u>Missbrauch</u> erfolgt durch andere Leute: Religionsführer, geistliche Würdenträger, durch Politiker, Herrscher und Regenten (Zwangsmitgliedschaft; Repression; Drohung). Und wird ermöglicht durch die <u>Passivität und vielleicht auch Gedankenlosigkeit ihrer Mitglieder</u>.

Kirchen und andere Kultstätten

Man kann sich wohl zu Recht die Frage stellen, ob ohne Religionen die vielen unermesslichen Kulturgüter, wahrscheinlich sogar die Entwicklung unserer heutigen Zivilisation, entstanden wären. Es musste ein unerschütterlich tiefer Glaube in weiten Teilen der Bevölkerung, aber auch bei den Regierenden, vorhanden sein; tiefer als wir heute als „weitgehend aufgeklärte Menschen" uns dies noch vorstellen können. Die hoch gegen den Himmel ragenden Säulen aus der Zeit der Gotik oder die ausdrucksstarken Gemälde, Skulpturen und Plastiken der Renaissance sind nur Beispiele davon und sie könnten über viele Kulturen und über Jahrtausende erweitert werden.

Vorstellungen von Religionen inspirierten Künstler in aller Welt und zu allen Zeiten und diese wiederum beeinflussten mit ihren Werken die Vorstellungen der Gläubigen. Im Christentum spielt insbesondere die Geburt Jesu in einem Stall in Bethlehem eine bedeutende Rolle. Auch Musiker liessen sich davon inspirieren und brachten „Ohrwürmer" wie „Stille Nacht, Heilige Nacht", übersetzt in alle Sprachen der Welt, hervor. Und kaum jemand kann sich an Weihnachten zurückhalten, und nicht, je nach Veranlagung, sogar inbrünstig mitsingen.

Solche Vorstellungen, sollten sie heute auch widerlegt und falsch sein, sind kaum mehr aus dem tiefen Gedächtnis zu verdrängen. Weihnachten: ein sehr schönes Fest, ergreifend, emotional, feierlich, sehr angenehm für die „Seele", für das Leben in einer Familie, hat aber wenig zu tun mit Religion. Es ist eine schöne Geschichte, die sich über Jahrhunderte erhalten und inhaltlich eher nachteilig verändert hat.

Auch das hohe Osterfest entspricht heute für viele gläubige Christen nicht mehr dem vorgegebenen christlich theologischen Sinn. Das leere Grab, die Geschichte der Maria Magdalena, die Deutung der Auferstehung und der Himmelfahrt sind zwar bewegende Geschichten, aber reichen sie aus, um damit die Erlösung der Christenheit durch den verstorbenen Jesus, als Sohn Gottes beschrieben, fundiert und glaubhaft zu belegen?

Christen, die für ihre Überzeugung in den Tod gegangen sind, wurden später oft heilig gesprochen. Ihnen wurden Kirchen und Kapellen geweiht, Päpste und Bischöfe verwenden Namen von Heiligen anstelle ihres bürgerlichen Namens. Gewisse Städte wurden zu Walfahrtsorten. Analoges gilt bei anderen Religionen. Die Entwicklungen der grossen Religionen prägten über Jahrhunderte sowohl das bürgerliche wie auch im Besonderen das künstlerische Leben.

Die Zeitepochen der Romanik, der Gotik, der Renaissance sowie des Barocks sind weitestgehend von der christlichen Religion bestimmt.

GEFAHREN DER RELIGIONEN

Die Ohnmacht der Menschen gegenüber Naturereignissen, Schicksalsschlägen, Krankheiten und Tod nutzen die meisten Religionen und versprechen mit viel Überzeugungskraft, manchmal auch mit apokalyptischen Drohungen, etwas, was sie nicht wissen können und auch nie halten können; d.h. aber, sie sagen nicht die volle Wahrheit; heisst das: sie lügen? Es sind Offenbarungsreligionen mit Heilsbotschaften. Jede schwere Krankheit, jeder Unfall oder jeder Todesfall überwältigt betroffene Menschen mit schweren Sorgen und der Suche nach Hilfe aus der transzendenten Welt. Dann beginnt auch der „weniger Gläubige" zu beten – zum lieben Gott? Sicherlich ist Gott lieb aus menschlicher Sicht, u.a. weil er uns geschaffen hat auf einem Planeten, der bis heute noch einzigartig ist (aber wahrscheinlich nicht im ganzen Universum). Er, Gott agiert eben nicht wie ein Mensch, also so wie wir Menschen es gerne hätten. Er muss ja neben der Menschheit noch für die viel umfangreichere Tier- und Pflanzenwelt sowie für das übrige und noch viel viel grössere Universum „sorgen". Er, der Schöpfer, verhindert das aus menschlicher Sicht Böse nicht! (Genozide wie Judenverfolgung; Religionskriege, unheilbare Krankheiten, Verbrechen, Tyrannei, Naturkatastrophen wie Erdbeben, Tsunamis; etc.)

Offenbarungen sind denkbare Vorstellungen, vielleicht Wunschträume; aber das Wesen Gott ist unergründlich, ein Geheimnis. Der Mensch kann und darf sich nicht darauf verlassen, dass diese von Religionen verbreiteten „Wunschvorstellungen" auch im Sinne des Schöpfers sind.

Diese Feststellung führt vielleicht dazu, dass jeder Mensch seinen Weg zum Schöpfer – es ist ein anstrengender und quasi philosophischer Weg – selber suchen muss; niemand kann ihm direkt helfen oder ihm gar die Verantwortung abnehmen. Doch auch hier gilt das gängige Sprichwort: geteilte Freude ist doppelte Freude; geteiltes Leid ist halbes Leid. Oder: via Kommunikation mit andern zusammen, in einer Gemeinschaft, wird es leichter, seinen Weg zu finden. Aber jeder Mensch trägt auch so seine eigene Verantwortung.

Mit dem schlechten Gewissen des Menschen kann man „Geschäfte" machen – in schlechten Zeiten zeigt der Mensch eine höhere Bereitschaft für Spenden als vorauseilenden Dank für eine erhoffte, und eben leider nur von Religionen / Kirchen versprochene unsichere Hilfe. Dies war nicht nur zu Zeiten des Ablasshandels so – nein, auch heute sind Menschen grosszügiger mit Opfergaben anlässlich von Beerdigungen, wo die eigene Vergänglichkeit wieder in Erinnerung gerufen wird, wo man sich hier, zwar nur kurz, wieder an den christlichen Glauben erinnert? Durch Verbreiten von Angst lässt sich auch Macht festigen.

Als in den ersten Jahrhunderten nach Christus römische Kaiser zum Christentum bekehrt wurden, blühte das Christentum als Staatsreligion auf zu grosser Macht und die Päpste unterschieden sich in keiner Weise von anderen weltlichen Regenten. Selbst die Krönung von einigen Königen wurde bis weit ins Mittelalter durch Päpste vorgenommen. Diese Selbstherrlichkeit unter dem Deckmantel einer christlichen Kirche wirkt trotz Aufklärung im 18. Jahrhundert noch bis in die heutige Zeit; man denke dabei an die pompösen Einzüge und Inszenierungen in der Peterskirche im Vatikan anlässlich grosser Kirchenfeste. Fast grotesk wirkt dies an Weihnachten, wenn der Papst im Brokatgewand mit viel Pomp symbolisch das nackte und arme Jesuskind in die Kirche trägt.

Sehr schwer zu begreifen ist heute auch die Verehrung von Heiligen in diversen Kirchen. Das Wort „heilig" wird ja sowohl für Gott wie auch für Menschen und Institutionen gebraucht, beispielsweise für den Papst (heiliger Vater), Heiliger Stuhl. Heilige vor Jahrhunderten? wahrscheinlich waren es gute, vielleicht vorbildliche Menschen, aber eben nur Menschen; wir kennen sie nicht und sie kennen uns nicht. Wo sind sie und woher sollen sie Kraft und Wirkung haben auf uns heutige Menschen? – eine Behauptung, die wenig mit Religion zu tun. Es sollte doch eine klare Trennung zwischen Gottheit, dem Schöpfer, und Menschen gemacht werden! Die Bezeichnung als vorbildliche oder „gute Menschen" wäre ausreichend und besser angebracht als das Wort „Heilig". Für Monotheisten. ist dies unverständlich, dass in Gebeten neben Gott noch Heilige zu Hilfe gerufen werden und mit Opfergeld bedacht werden! (Hl. Antonius) Sonst sind wir wieder bei den „Heiden" mit vielen Mächten. Wer schon Hilfe aus dem Jenseits erwartet, dann vielleicht noch eher und verständlicher von Verstorbenen, die uns kannten, wie Eltern, Freunde, Bekannte; aber kaum von Unbekannten aus Urzeiten oder dem Mittelalter.

Engel als Boten, Vermittler und Gehilfen von Gott sind ein weiteres typisches und klares Signal einfachen menschlichen Denkens. Man mutet dem Schöpfer des unvorstellbar riesigen Universums nicht zu, dass er dieses allein „steuern" kann. So wie wir Menschen braucht er Gehilfen? und typisch menschlich dazu: diese sind hierarchisch organisiert; in arbiträrer Reihenfolge: Engel, Erzengel, Cherubime, Serafine etc. Im frühen Mittelalter wird von den „neun Chören der Engel" berichtet.

Bischöfe und Priester können nicht frei ihre ganz persönliche Meinung verkünden, falls sich diese nicht mit der kirchlichen Doktrin zur Deckung bringen lässt, ansonsten droht ihnen Bestrafung, Ächtung, Entlassung aus ihrem Amt und Beruf. Eine kirchliche Charge ist offensichtlich nicht nur Berufung durch Gott, sondern auch Beruf und Broterwerb. Äusserungen, welche an den Grundfesten der Macht der Kirche rütteln, führen nicht nur in der katholischen Kirche zu Entlassungen oder sogar zur Exkommunikation. Die straffe Hierarchie fordert strengen Gehorsam. → vgl. oben: Galileo Galilei rettete sich vor dem Todesurteil durch Widerruf seiner fundamentalen Aussage über das inzwischen bestätigte „heliozentrische Weltsystem", das er der kirchlichen Vorstellung vom geozentrischen Weltsystem gegenüberstellte. Fast 400 Jahre später hat die Katholische Kirche diesen damaligen Fehler offiziell korrigiert.

Nicht nur die katholische Kirche; sondern mit ihr etliche andere grosse Konfessionen und Religionsgemeinschaften, gehören damit noch zu den letzten grossen Diktaturen auf dieser Welt, welche die Glaubens- und Gewissensfreiheit ihrer Mitglieder mit Füssen treten. Die Achtung der Mitmenschen als Gleichberechtigte und Gleichwertige innerhalb einer kirchlichen Gemeinschaft fehlt vollends. In der Katholischen Kirche haben die Frauen noch heute keine kirchlichen Rechte.

Bewahrer von Antiquitäten?

Ausgerechnet grosse Religionen, die ursprünglich eine „gute Welt" schaffen wollten, torpedieren diese Grundrechte. Ihre Rechtfertigung besteht darin, die weit über tausendjährige Tradition, die damaligen Zustände, zu erhalten und weiter zu festigen, und dies wider besseres heutiges Wissen. Sie stehen damit im Widerspruch zu ihren ursprünglichen Zielen, den Menschen, und heute den Menschen des 21. Jahrhunderts, Lebenshilfe anzubieten. Andrerseits nutzen diese Organisationen offensichtlich täglich gedankenlos die heutigen Errungenschaften in Technik und Medizin, d.h. sie möchten in der heutigen Zeit leben, wenn es ihnen dient oder nützt – ein Sinn-Widerspruch. (vgl. Unterschiede zwischen Intellekt und Emotionen)

Das Selbstverständnis der grossen Religionen liegt bei vielen Glaubensführern leider im Bewahren von teilweise uralten Vorstellungen von längst verstorbenen „gottesnahen Menschen". Damit werden Religionen aber auch zum Bewahrer von „Antiquitäten". Sture konservative Kirchenführer aller Religionen beharren auf diesem altertümlichen System, denn es verleiht ihnen damit Macht. Sie verfechten mit Eifer eine Lehre aus einer Zeit, in der man Demokratie noch nicht kannte und Frauen nicht die gleichen Rechte wie den Männern zugestanden wurden. Dieses sture Behaupten führte denn auch zu den heute bekannten fundamentalistischen Erscheinungsformen von vielen Religionen bis hin zu „Extremisten", die vor Gräueltaten und sogar Kriegen gegenüber „Ungläubigen" oder einfach Andersgläubigen nicht zurückschrecken. Selbst die Katholische Kirche grenzt Menschen, die viel Wertvolles für ihr Leben in dieser Kirche finden, aus, nur

weil sie geschieden, homosexuell oder gewisse sogenannte Glaubenssätze aus Gewissensgründen und Verantwortungsbewusstsein nicht akzeptieren können.

In einigen vorwiegend islamischen Staaten besteht die
Tendenz, die Vorgaben im Koran auch für den Staat und
damit auch für alle Nicht-Muslime als Gesetze zu etablie-
ren. Eine Glaubensfreiheit existiert da nicht, obwohl diese
Staaten die UNO Menschenrechtscharta vorbehaltlos
mitunterzeichnet haben.

Ich komme nicht um die Vermutung, ja Überzeugung,
herum, wonach es sich bei den etablierten Religionen um
starke Machtgebilde handelt, die eben mit diesem Formalismus ihre gemeine Macht und ihren Einfluss erhalten
und sich das Kirchenvolk so fügsam machen wollen.

**Religionsgemeinschaften, die von ihren Gläubigen
doch so viel Ehrlichkeit fordern, sollten auch selber
ihre Botschaft auf Ehrlichkeit und Wahrheit überprüfen und allfällige Fehler aus der Vergangenheit offen
kommunizieren und bereinigen. Es ist der einzige
Weg für den Fortbestand und eine Glaubwürdigkeit
der grossen Religionen und zudem für eine friedliche
Welt! Es darf keine Kriege mehr geben aufgrund un-
wahrer Versprechungen und Behauptungen von Re-
ligionsführern!**

Die heutige Jugend akzeptiert zumeist keinen Kadavergehorsam und ignoriert die Autoritätsgläubigkeit unserer
älteren Generation. Es bleibt abzuwarten, ob die Forde-
rung der Jungen nach Demokratie in den nordafrikanischen und andern arabischen Staaten irgendwann auch
den Bereich der Religion erfassen wird?

Religion und Staat

Religionen haben offensichtlich Einiges gut gemacht, sonst hätten sie nicht so lange überlebt: Aufstellen von moralischen Grundsätzen, Förderung der heutigen Zivilisation mit ihren Menschenrechten (die allerdings nicht von allen gleich verstanden werden wollen) und einer Gemeinschaft in „relativem Frieden".

Sie haben aber auch Elend auf diese Welt gebracht; **viele Kriege waren und sind heute noch brutale Religionskriege**. Die grossen Religionen sind entstanden zu einer Zeit des herrschenden Patriarchats und sie haben die Frauen klar gegenüber den Männern diskriminiert und tun es zumeist auch heute noch. Eine vollständige und klare Trennung von Kirche und Staat gibt es nicht – die Gesellschaft im Staat ist weltweit verbandelt mit der kirchlichen Macht und zwar bei allen grossen Religionsgemeinschaften. Extrem ist die Situation bei diversen muslimischen Staaten, wo der Koran als Glaubensvorschrift zugleich als staatlich verbindliches Sitten-Gesetz, auch für Nichtmuslime, verstanden wird. Dem Staatsbürger wird damit ein „Glauben" aufgezwungen und damit Menschenrechte verletzt.

Die Lehren der grossen Religionsgemeinschaften sind Diktat und unidirektional, und die „Lehrer" gehören zu einer elitären Kaste, die keinen Widerspruch duldet und das Kirchenvolk für unwissend, zumindest aber leicht beeinflussbar und gehorsam hält. Mit dem Zwang zu Gehorsamkeit wird ein Ausscheren innerhalb einer Glaubensgemeinschaft, insbesondere innerhalb des „Kaders" der Kirchenführung, im Keim erstickt und damit verhindert. Die Gehorsamspflicht zusammen mit Drohungen sind wichtige Pfeiler zur Erhaltung von Macht

Im weltweiten Kampf der Völker für Demokratie ist eine derartige Regentschaft obsolet und nicht mehr akzeptabel. Sie missachtet die Gleichberechtigung aller Menschen und auch die adäquate Intelligenz ihrer „Schäfchen". Wie lange noch bleiben diese nur stille und zahme Schäfchen?

Theologen sind auch Kirchenjuristen. So erstaunt es nicht, dass Religionen und Konfessionen haarspalterisch um Sätze streiten, die dem Kirchenvolk einerseits unverständlich, nicht relevant und für diese auch nicht von Interesse sind. Religiöse Gespräche unter Laien verschiedener Glaubensrichtungen führen daher oft viel rascher zu einem „common sense" und einem von gegenseitigem Verständnis, Respekt und Toleranz geprägten friedlichen Zusammenleben. Das sollte uns, aber insbesondere den grossen Kirchen, zu denken geben!

Problem Mission

Die einst gutgemeinte Idee der „Mission", der Hilfe andern Menschen gegenüber, ist leider manchmal auch „unmenschlich" geworden. Aufdringliche Methoden zur Überführung von „Ungläubigen" zur „eigenen, einzig richtigen und unentbehrlichen Religion" missachten grundlegende Menschenrechte und nutzen mit finanziellen Investitionen eine gewisse Abhängigkeit aus (Schulen, Kirchen, Spitäler etc.). Auch hier wird die Glaubens- und Gewissensfreiheit, teilweise mit Absicht und fehlender Toleranz, aber auch mit fehlender Weitsicht missachtet. Irgend wann wird eine Abhängigkeit nicht mehr akzeptiert.

Eine „neue Aufklärung"

Eine **„neue Aufklärung"** nach dem Denkmuster aus der Zeit von Voltaire, übertragen in die heutige Zeit mit dem aktuellen Wissen, allerdings konstruktiv und so weit wie möglich frei von politischen Sachzwängen, wäre dringlich und notwendig. Die Denkfaulheit und Passivität breiter Kreise im Religionsbereich auf der ganzen Welt führt, wie bereits erwähnt, zu Kriegen, Massakern, Machtkämpfen, Leid und zum Verlust der gewonnenen Zivilisation der Menschheit. Theologen als unabhängige Wissenschafter (nicht „angestellte" Glaubenslehrer, Pfarrer, Imame, Rabbiner...) sollten die diversen religiösen Lehrbücher (Bibel, Koran, Thora, ...) auf Widersprüche zwischen heutigem Wissen und widerlegbaren und überholten alten Überlieferungen überprüfen. Sie sollten entsprechend kommunizieren, auch gegen den Widerstand von kirchlichen Machtgebilden, allein der Wahrheit und echtem Glauben zu Liebe!

Das wichtigste Ziel bei der Schaffung der UNO als Nachfolgeorganisation des „Völkerbundes" war die Verhinderung oder zumindest Eindämmung von Kriegen. Dieses Ziel hat sie bis heute nur zu einem geringen Teil erreicht und zwar bei der Ausbreitung von Konflikten zu einem „Flächenbrand"; es gab seither glücklicherweise keinen Weltkrieg mehr; dies allein schon rechtfertigt diese Organisation. Leider wirkt die UNO aber nur wie eine Feuerwehr; ihr fehlt es am gemeinsamen Kampf und Willen, gegen die Ursachen der vielen Kriege vorzugehen. Die Gegensätze zwischen Armut und Reichtum sind sicherlich eine der „Hauptnahrungen" für Kriege. Genutzt und missbraucht wird diese Situation aber auch von Religionen und Glaubensgemeinschaften zu Kriegen, und zwar nicht zum Nutzen der Armen, sondern zur Machterhaltung und Stärkung von Institutionen. Die UNO sollte einen Weg finden, um <u>Ursachenbekämpfung zu erreichen</u>.

Der Kampf gegen Armut sollte nicht mehr über abhängig machende religiöse Mächte geführt werden, sondern muss zielgerichtet und frei von Glaubenskämpfen angegangen werden. Der Weg dahin ist nicht einfach – zu viele Macht-Interessen stehen im Wege.

Die Aussage von vereinzelten „Seelsorgern", dass Gott den Menschen, ja sogar Völkern, Schicksale sendet, um sie zu <u>prüfen</u>, ist schlicht eine Gemeinheit diesen Menschen gegenüber. Woher nimmt ein Priester dieses Wissen? oder ist es nicht schlicht eine Ausrede dem in grosser Sorge stehenden Menschen gegenüber? Sicherlich nicht eine echte „Seelsorge"! Ein „Autoritätsgefälle" wird damit schamlos ausgenutzt.

PROBLEM: DER MENSCH ALS GESPALTENES UND TRÄGES WESEN

Der Mensch lebt, wie am Anfang detailliert ausgeführt, im dauernden Widerstreit zwischen Wissen/ Intellekt und Emotionen. Aus dem USA-Wahlkampf 2012 schepperte der Slogan: „Für eine Botschaft sind 20% Intellekt und 80% Emotionen notwendig und diese müssen ankommen! oder etwa: sag etwas, dass „es" ankommt und nicht das, worauf es ankommt! Der Inhalt der Botschaft ist nicht wichtig!" Mit dem Wort „ankommen" wird der emotionale Teil des Menschen anvisiert. → modernes Marketing!

Mit der Denkfähigkeit des Menschen schaffen wir uns eine **„eigene kleine Welt"** mehrheitlich aus Gefühlen, etwas Intellekt und genetischen Veranlagungen. Die unvorstellbare Weite des Kosmos wird sinnvollerweise ersetzt durch unsere nächste und unmittelbare Umgebung. Ein Leben im Hier und Jetzt, in einer Familie oder einer anderen Gemeinschaft, mit Kollegen und Freunden, und andrerseits bei unserer Arbeit. In der Arbeitswelt dominiert der anstrengende Intellekt, ausserhalb, besonders in der Freizeit, die Emotionen. Denken wird als anstrengend, als Arbeit aufgefasst. Denken ist neurologisch mit Energieaufwand verbunden; aber Emotionen erfüllen unser Leben. Reiseveranstalter werben oft marktschreierisch: geniesse die Ferien, die Freizeit, das Leben oder mit dem Schlagwort „Fun". Auch die lateinische Überschrift an Häusern „carpe diem" trägt solche Aussagen. Leben wird von den Emotionen dominiert. Dies nutzten bereits die Römischen Cäsaren zu ihren Gunsten mit dem Leitspruch: „panem et circenses" – Brot und Spiele. Damit wird heute noch, allerdings auf subtilere, auch perfidere Art, das Volk oder Teile davon von politischen Problemen abgelenkt und es wird versucht, die allgemeine Stimmung zu heben und Emotionen anzuregen (vgl. Aussagen zum US-Wahlkampf der Tea-Party).

Welch ein Widerspruch!

Medien leben von Recherche, von eigenständiger und unabhängiger Informationsbeschaffung, vom **Hinterfragen**, ob meine Information richtig ist und nichts Wichtiges ausgelassen wird. Der regelmässige Medienkonsument – wer ist das nicht – sollte eigentlich darin bestens geschult sein und schon fast automatisch nachfragen und hinterfragen. Doch **beim Glauben, beim Thema Religion, ist ein Grossteil der Menschheit absolut unkritisch in einer Zeit vor weit über 1000 Jahren stehen geblieben**; „eine Schaltung im Hirn" wird durch Emotionen blockiert. Und dies wider besseres Wissen aus Erkenntnissen, aus Lebenserfahrung, aus dem Bildungsweg und aus den Wissenschaften. Hingegen werden die aktuellsten und weil verbreiteten Erkenntnisse genau dieser Wissenschaften tagtäglich genutzt via sämtliche elektrische und elektronische Kommunikationsmittel wie Computer, Telefonie, TV, Musik-Player, Fotoapparate, GPS, Uhren; und besonders auch in den Bereichen Medizin und Pharma, Materialtechnologie, Aviatik, Photovoltaik und andere Methoden zur Energiegewinnung bis hin zu Geräten und Instrumenten im täglichen Haushalt und Gewerbe. Diese Aufzählung liesse sich beliebig erweitern – unser heutiges Leben wäre ohne diese Erkenntnisse der wissenschaftlichen Forschung und Technik undenkbar. Pflege von Traditionen in Ehren, aber mit Bedacht.

Wenn es um das Thema Religion geht, dann wird das Gehirn „umgeleitet" vom logischen und kritischen Intellekt in ein Feld, welches man einst im Religionsunterricht und in der Kirche, meistens in jungen Jahren, in einer feierlichen Umgebung mitbekommen hat, in einer Form, die noch „Kopf und Herz" ansprechen konnte. Zur gleichen Zeit wurden die Schüler in der Schule angeleitet, logisch zu denken, Geschichten, Aussagen und Informationen, heute speziell im Internet, kritisch auf ihren Wahrheitsgehalt und Sinn zu hinterfragen, damit man diese im gewaltigen Netzwerk unseres Gehirns richtig einordnen, beurteilen, abspeichern oder verwerfen kann; eine reine Ansprache an den Intellekt. Geht es aber um das Thema Religion, wird dieses Hinterfragen oft ausgeschaltet; nach allfälligen Widersprüchen wird gar nicht erst nachgedacht, der Wahrheitsgehalt nicht nachgefragt.

→ vgl. Kapitel GRENZEN ZUM GLAUBEN

Ist dies eine mögliche Folge unserer Dienstleistungsgesellschaft? die Meinung von „Experten" wird im Allgemeinen hoch geschätzt, „wohlwollend" oder sogar dankend akzeptiert und zumeist unkritisch übernommen z.B. von Anwälten, vom Arzt, vom Pfarrer, von Handwerkern, vom Reparaturdienst für Autos, Uhren, elektrische Geräte etc. Diese Überlegungen wären interessant genug, um sie vertieft weiter zu führen.

Die meisten Menschen, die einer Religionsgemeinschaft angehören, erfahren **zwei grundverschiedene Bildungswege: den „Religionsunterricht" und den „Schulunterricht".** Dem ersten gelingt es offensichtlich,

„Herz und Gemüt" tief ins Menschsein anzusprechen; der Schulunterricht hingegen vermittelt zwar Schreiben, Lesen und Rechnen als Basiselemente unserer heutigen Zivilisation. Der sachbezogene Inhalt der diversen übrigen Fächer, der vermittelt wird, wird zwar verstanden, z.T. auch begriffen, aber er erreicht möglicherweise nur bei wenigen die sehr wichtigen und bleibenden Emotionen zusammen mit kritischem Denken. Besonders bedenklich und daher <u>Hauptursache</u> der bis anhin geschilderten Probleme ist die Tatsache, **dass die beiden Bildungswege, speziell an Hochschulen, nie zusammengeführt und auch auf ihre Kompatibilität, auf ein Zusammenpassen überdacht oder gar überprüft werden.**

Schon früh erfahren christlich erzogene Kinder die Begriffe Sünde und Schuld, Sühne und Bitte, Angst und Strafe, Apokalypse → letztes Gericht; Weltuntergang; katastrophales Ende der Welt. Diese lösen Emotionen aus, die im Laufe des Lebens immer tiefer sitzen und auch verunsichern. Ein wirklich freies und uneingeschränktes Denken wird dadurch stark erschwert und bei vielen Leuten sogar blockiert. Es gibt daneben auch noch die vielen „Gleichgültigen" und „Gedankenlosen", die sich um nichts Sorgen machen, auch nicht nachdenken oder vielleicht nicht nachdenken können? Aber Gott lässt regnen über dem Acker des gläubigen wie auch über demjenigen des ungläubigen Bauern. Gläubige wie auch Ungläubige werden gleichermassen von schweren Krankheiten oder Unglücksfällen heimgesucht oder erfahren besonderes Glück. Bei Religions-Gläubigen wird dann bei einem Unglück oder Krankheit oft an eine Strafe Gottes gedacht, gelegentlich wird dies Betroffenen sogar selbstgefällig und diskriminierend als verdiente Strafe zugesprochen. Assoziationen an den Religionsunterricht werden wach.

In dieser sachlichen und wissenschaftlich feststellbaren Welt steht dann der Mensch mit seinen alltäglichen Sorgen bis hin zur Sorge um den Sinn seines Lebens und die Folgen des Todes. Mit wem soll er diese Sorgen erörtern und wie soll er seine Sehnsucht kommunizieren? Hier bieten sich Religionen und Freikirchen direkt an; in ihrer Gemeinschaft wird ein gewisses Gefühl von Sicherheit und Geborgenheit vermittelt. Es wird eine Mystik aufgebaut, die zu tiefen Emotionen anregen können. Ihre allerdings beschränkte Hilfe sowie die vielen Vorbehalte, wie zuvor beschrieben, sind nur Teillösungen und Ansätze dazu, oft aber auch nur Scheinlösungen. So wie jeder Mensch allein durch den Tod hindurch muss, so einsam und hilflos ist der Mensch gegenüber den gestellten Grundfragen des Lebens. Jeder Strohhalm wird da noch so gerne angenommen. Und dort, wo schon sehr viele Menschen ihre Hilfe, ihre Stütze, ihre Gemeinschaft gefunden haben – in den grossen Religionen und Konfessionen – glauben viele Menschen, wahrscheinlich auf der „richtigen Seite" (bei der Herde?) zu stehen?

Die Bezeichnung „lieber Gott" und die Ansprache im Gebet geht von Gott als einer Person aus. Die nicht einmal ansatzweise beschreibbare Grösse und das unergründliche Wesen dieses Gottes, die Unendlichkeit des Universums, die Kleinheit der Bausteine dieser Welt, die ungeheuren Massen von Himmelskörpern mit ihrer Energie, die zeitliche Unendlichkeit und die geniale Entwicklung (Evolution) vom Ursprung des Universums zum Leben bis hin zum Menschen zeugen von einem Wesen, Gott, das sicher nicht wie Menschen agiert und jedes Detail zu regeln braucht; wahrscheinlich hat Er mit der Schöpfung, mit dem Ursprung, die Evolution des Universums kontrolliert eingeleitet. Vielleicht kann alles „gesteuert und geregelt" werden mit wenigen oder nur einem einzigen „einfachen Naturgesetz"? (vgl. Domino-Effekt in Kapitel Universum) Und dies vorausschauend, also im Voraus gemäss dem Plan des Schöpfers bei der Entstehung der Welt. Immerhin „funktioniert" dieses Universum mit Sicherheit schon seit fast 14 Milliarden Jahren, wahrscheinlich seit Ewigkeit. Weshalb sollte Er sich um mich als „kleines Staubteilchen" im Universum kümmern, wenn ich krank oder bedürftig bin und nicht auch um kranke und geschundene Tiere? Auch sie sind seine Lebewesen und haben z.T. Gefühle wie Angst, Freude, Schmerzen. Oder um Pflanzen, die unter Wassermangel, unter Frost oder unter brütender Hitze kranken? Auch sie sind ebenso Lebewesen, Kreaturen Gottes. Soll Gott die Schwerkraft kurzzeitig ausser Kraft setzen, bevor ein Flugzeug mit Motorproblemen oder der Bauarbeiter vom Gerüst abstürzt? Oder soll er das wichtige und bewährte Zusammenleben aller Lebewesen, insbesondere das Zusammenleben zwischen Mikrolebewesen und dem Menschen als „Wirt" (z.B. im Verdauungstrakt) im Hinblick auf mögliche Krankheiten stoppen, noch bevor ich krank werde? Die Spezies Mensch überschätzt sich und seine Rolle in egozentrischer Art, nämlich ohne Rücksicht auf die übrige belebte und unbelebte Welt. Auch der gesamte Kosmos ist in dauernder Entwicklung / Evolution und Veränderung; er wird auf geniale Art „gewartet", um es mit einem Terminus aus der Technik zu beschreiben, und gesteuert. Unsere Erde ist im Universum wie ein Sandkorn in einer Wüste und kaum das Mass aller Dinge. Glaubt man gewissen Astronomen, so ist es ja durchaus wahrscheinlich, dass es im Universum noch mehrere tausend mit der Erde vergleichbare Himmelskörper gibt (klimatisch, physikalisch, chemisch, biologisch....), vielleicht mit ähnlichen Lebewesen wie auf der Erde. (→ vgl. Vorstellungen von Asimov) Vielleicht sind Hominiden (Menschenartige) dort schon um Millionen von Jahren weiter entwickelt als wir Menschen auf der Erde? Es ist nicht erstaunlich, wenn man von Menschen hört: „der da oben hat alles schon vorbestimmt, auch den Zeitpunkt des Todes". Menschen mit diesem Glauben müssten demnach konsequenterweise jedes Schicksal stoisch gefasst und vertrauensvoll akzeptieren, denn es soll ja schon vorbestimmt sein – doch wenn es uns selbst betrifft, dann suchen viele trotzdem wieder, Gott von seinem Plan abzubringen und um dringende Hilfe zu bitten. Und schon wieder landet man, verständlicherweise, in einer untauglichen anthropomorphen Sicht über das Wesen Gott!

In der heutigen realen und aufgeklärten Welt denkt man, findet sich kein Platz mehr für Fantasten, Exzentriker, Traumdeuter, Wahrsager, von Wahn Besessene; aber in der „eigenen emotionalen Welt", wo der Intellekt nur am Rande tangiert wird, ist Raum für Irreales, kaum Begreifbares. Weihnachten, obwohl real nicht ausreichend fundiert, wird gefeiert, wobei der christliche Sinn weitgehend entschwunden ist, aber es berührt immer noch emotional: prächtige und ergreifende Musik, eindrückliche Gemälde zum Thema, mit einer mystische Stimmung, mit vielerlei künstlerischer Gestaltung von Krippen im Stall zu Bethlehem, usw. Das Weihnachtsfest stimmt für unsere „eigene emotionale kleine Welt". Wohl selten passt, wie hier, der zwar oft leichtfertig ausgesprochene Satz: „Es ist zu schön, um wahr zu sein!" für die drei grossen christlichen Kirchenfeste Weihnachten, Ostern und Pfingsten, aber

auch für die schöne und phantasiereiche Schöpfungsgeschichte von Adam und Eva, die so nie existieren konnte.

Wie würde die heutige Gesellschaft wohl reagieren, wenn
eine integere und angesehene Person in tiefer und ehrlicher Selbstüberzeugung behaupten würde, er / sie sei
„von Gott inspiriert", „vom Heiligen Geist bewegt und dadurch vor schwer wiegenden Irrtümern bewahrt worden",
um einen neuen Glaubenssatz und neue Offenbarungen
über die ganze Welt zu verbreiten? Wie würde heutzuta-
ge ein Mensch aufgenommen werden, der, ähnlich wie
im Alten Testament, von seinen „göttlichen Träumen",
von göttlichen Traumdeutungen, von göttlichen Vorher-
sehungen, von Auserwählten und von Verdammten predigen würde, missionieren und eine neue Religionsgemeinschaft gründen möchte? Wenn ein „Führer eines
Volkes" heute auf einen Berg hinauf steigen würde und
nach intensivem Meditieren und vielleicht noch Fasten
mit neuen Gesetzestexten in seinem PC zum Volk zu-
rückkehrt und eine direkte Botschaft von Gott vermitteln
würde? und diese dazu noch im weltweiten Web verbreiten würde? von einem weiteren auserwählten Volk reden
würde? Er würde kaum ernst genommen werden und
Radikale würden wahrscheinlich sogar die entsprechende Medizin zu Hilfe rufen.

Dies bedeutet aber nichts anderes, als dass „Ereignissen" vor Hunderten oder gar Tausenden von Jahren
noch heute eine gewisse Mystik anhaftet, welche unsere
Emotionen sehr stark aktiviert, den Intellekt aber fast un-
berührt lässt. Wenn ähnliche oder analoge „Ereignisse" in
der heutigen Zeit auftreten würden, so würden diese kühl
und besonnen, also via Intellekt, aufgenommen und ent-

sprechend sachlich auf den Wahrheitsgehalt überprüft, akzeptiert oder verworfen.

Eine schwer erklärbare Diskrepanz!

Rational sehr schwer zu verstehen ist auch die Tatsache, dass der grössere Teil der Menschheit täglich mit den Errungenschaften der modernen Technik, zumeist unbewusst, ein sehr bequemes Leben führen kann, wenn wir es mit der Zeit vor über hundert oder gar tausend Jahren vergleichen. Die modernen Errungenschaften wären allerdings nicht möglich geworden ohne neue fundamentale wissenschaftliche Erkenntnisse. Es fällt schwer, andere Gründe als Bequemlichkeit, vielleicht Unvermögen, Hektik im Alltag, vielleicht Denkfaulheit, oder gar sturen Fundamentalismus, zu finden, wenn Menschen den Auffassungen, dem damaligen Zeitgeist und Glauben, den Geschichten der Antike, mehr vertrauen, als dem Wissen der heutigen Zeit, welches sie ständig und zumeist unbewusst auch als angewandte Technik in ihrem Alltag nutzen. Das religiöse Leben hingegen basiert auf über tausendjährigen, oft nicht überprüfbaren oder teils obsoleten Geschichten und Behauptungen! Welch ein **Anachronismus!**

Weshalb halten sich die alten Religionen mit einem heute erwiesenermassen teilweise morschen und nicht zeitgerecht aufdatierten Fundament so lange am Leben? Zum Einen handelt es sich, wie zuvor angeführt, um diktatorische Machtgebilde, die durchaus unangenehme Verbreiter von aktuellem Wissen früher tot, heute mundtot machen können. Zum Andern aber fehlt es noch immer an **Alternativen**. Weil allfällige Alternativen kein „grosses Geschäft", d.h. finanzwirtschaftlich kaum interessant sein dürften, ist auch in naher Zukunft für die grossen Religionsgemeinschaften in unserer kapitalistisch orientierten Welt nicht mit ernsthafter neuer „Konkurrenz" zu rechnen. Unberechenbar bleibt allerdings das Internet mit seinen diversen Plattformen, die „social medias", wo mit rasender Geschwindigkeit Informationen weltweit verbreitet und grosse Menschenmengen zu Manifestationen organisiert werden können. Die Aufstände in den nordafrikanischen Staaten gaben eine Vorahnung, wie unvorbereitet und doch machtvoll solche Ereignisse ablaufen können.

WAS WÄRE OHNE KIRCHEN, OHNE RELIGION?

Was haben die Kirchen gut gemacht?

Kirchen fördern die Gemeinschaft, die Solidarität, das „Wir-Gefühl", das Mitgefühl mit Behinderten, Kranken, Armen oder mit Leuten mit geringeren Chancen. Sie holen fragende Menschen ab und führen sie in eine Gemeinschaft. Sie prägen Kulturen und unsere heutige Zivilisation. Sie geben den Menschen <u>Hoffnung</u> während ihres Lebens und insbesondere für die Zeit um und nach ihrem Tod. Sie haben die heute weltweit rechtsgültigen Freiheitsrechte entscheidend geprägt.

An vielen Orten haben sie Schulen gebaut und Menschen Bildung vermittelt. Mit Spitälern haben sie armen Kranken ohne Entgelt medizinische Hilfe gewährt und dabei auch viele vor einem vorzeitigen Tod bewahrt. Armen wurde Unterkunft gewährt und sie wurden mit Nahrung versorgt.

Wie viel ärmer wäre unsere Kultur ohne Religion? Kunstwerke aller Art wurden von religiösen Vorstellungen beeinflusst und zur Gestaltung motiviert. Das „Denken des Volkes" zu verschiedensten Zeiten wurde in Bildern, Skulpturen, Monumenten, aber auch in der Musik dargestellt und als Zeitzeugen archiviert.

Die Leistungen für die Menschheit sind in vielen Büchern belegt und dokumentiert; sie erfordern hohe Wertschätzung.

Wo sind Mängel?

Religionen sind gebieterische Einbahnstrassen; die Institution gibt zwingend die Glaubens- und Denkrichtung vor, die Auffassung der „Mitmachenden / Mitzahlenden" ist nicht gefragt, sie wird bestimmt. Die Übernahme der Vorgaben der Kirchenleitung wird als selbstverständlich und als Gehorsams-Pflicht vorausgesetzt, wobei in gewissen Fällen „Abweichler" gar bestraft werden.

Anmassung von Macht: Weitergabe der Vollmachten durch Kirchenführer; Weihung von Bischöfen und Priestern, Macht zum Segnen, zur Vergebung von Sünden etc. Kirchen predigen die Wahrheit und geisseln Lügen; dies hindert sie aber nicht daran, dem Kirchenvolk auch Halbwahrheiten, Unwahrheiten und nicht belegbare Versprechungen zu lehren, oder sogar zu verordnen. Die Ausbildung der Theologen erfolgt durch die Elite der entsprechenden Religionen; dadurch sind diese Theologen nach ihrer Einstellung in den kirchlichen Dienst nicht freie und ungebundene Wissenschafter.

Die vielen Kirchenaustritte in den vergangenen Jahrzehnten bei den grossen christlichen Kirchen basieren leider teilweise auf einer gewissen Interesselosigkeit der Religion gegenüber; denn es geht uns ja gut auch ohne? Für andere wiederum ist dies ein stiller Protest ihrer Kirche gegenüber. Sie haben aber auch zu einem Mitgliederzuwachs bei Freikirchen geführt. Diese vermögen offensichtlich insbesondere Jugendliche besser anzusprechen. Die neueren Freikirchen stehen im Grundsatz zu einer bestehenden Religion / Konfession, die sie in Teilbereichen zwar kritisieren und diese aber besser als die Bisherige (aus)führen möchten.

Was spricht diese „Konvertiten" an? In Freikirchen treten oft Laien an die Stelle von Theologen. Diese sprechen mit dem „zugewandten Volk", welches zumeist freiwillig und aus Überzeugung in dieser Gemeinschaft mitmacht. Ihre Sprache ist offensichtlich leichter verständlich und begreifbar.

Die „Reformation" im 16. Jahrhundert hat die katholische Kirche zwar in ihren Grundfesten erschüttert, aber nicht nachhaltig zerstört oder gar ausgelöscht, aber sie musste sich dem neuen und kritischeren Zeitgeist, zumindest kurzfristig, anpassen.

Ohne Kirchen?

Wer sorgt für „Seelische Sicherheit" in einer Gemeinschaft? „Gemeinschaftsgefühl"? Wer baut eine Brücke zum Transzendenten? Mystik? Feierliche, emotionale Anlässe mit Konzerten und Chören? Wer gibt Weihnachten, Ostern, Pfingsten einen neuen, zeitgemässen Inhalt, neuen Sinn? aber ebenso den drei bedeutenden Lebensstationen Geburt, Trauung und Tod eine sinnhafte Bedeutung? und zwar so, dass nicht anlässlich einer neuen Reformation das „Kind samt dem Bad ausgeschüttet wird"? In allen Religionsschriften sind bedenkenswerte Lebenshilfen aufgeführt!

Wie soll eine Taufe, Hochzeit oder Beerdigung ohne Kirche zelebriert werden? Diese offenen Fragen halten noch immer viele Christen von einem Kirchenaustritt ab, obwohl sie die christliche Lehre längst nicht mehr linientreu praktizieren und nicht als „allein selig machend" erachten. Andrerseits treten immer öfter „neutrale Ritualbegleiter" an die Stelle von kirchlichen Zeremonien.

Die christlichen Kirchen haben in den vergangenen Jahrhunderten entscheidend beigetragen zur Entwicklung der Zivilisation der gesamten westlichen Welt, insbesondere zur Entwicklung und Festlegung der UNO-Menschenrechte.

Wer würde eine weitere Humanisierung im „Kampf" um eine friedlichere Welt weiterführen? Einen Moral- und Sittenverfall aufhalten?

Kirchen, Kapellen und Andachtsräume werden von Menschen aller Glaubensrichtungen auch ausserhalb von Gottesdiensten, selbst in modernen Flughäfen, noch oft besucht als stiller Ort zum Nachdenken, Meditieren, Beten, Danken. Man möchte sie in unserer hektischen Zeit nicht missen. Der Bestand und Unterhalt solcher Anlagen oder „Krafträume" setzt Religionsgemeinschaften mit Initiative und entsprechenden finanziellen Mitteln voraus.

Zugehörigkeit zu einer Kirche kann für Viele auch politisch notwendig sein für die Wahl in Regierung, Verwaltung oder Gerichte, in irgendein öffentliches Amt, ja sogar in an sich „weltlich neutralen" Management-Positionen.

Hoffnung?

Als grösstes Problem für die Menschheit bleibt die Frage nach Hoffnung. Unsere Unwissenheit über das „Transzendente", über den Schöpfer, über das „Leben" nach dem Tod, lässt nur „Glauben und Hoffnung" zu. Diese

Unwissenheit trifft selbstverständlich auf alle Religionen zu; sie verbreiten ihren Glauben und ihre Hoffnungen. Glauben und Hoffnung sind nicht intellektuell erfassbar; sie stärken unsere positiven Emotionen. Bei aller Unsicherheit und allen Zweifeln sucht der Mensch oft Halt in einer religiösen Gemeinschaft; er fragt lieber nicht danach, wie sicher diese „Heilsbotschaft" sei. Die meisten Menschen „brauchen" deshalb eine Religion, eine Kirche. Doch die Kirchen können keine Verantwortung für die verbreitete Lehre übernehmen; jeder Mensch trägt selbst seine Verantwortung.

Die meisten Menschen suchen primär nicht Hoffnung im Jenseits; viel naheliegender bereiten alltägliche Probleme wie Krankheit und Gebrechen, Armut, Arbeitslosigkeit, Partner und Kinder, verstorbene Familienangehörige und Einsamkeit, Sorgen um die Zukunft. Probleme, welche die „Seele" schwer belasten können. Wo sind da die „Seelsorger"? Menschen ohne diese Sorgen möchten zumeist, dass „der Staat" hier unterstützend eingreift.

Ist dieses Abschieben in die Anonymität überhaupt „menschenwürdig"?

WER KANN DIE GEGENWART NEU MIT SINN FÜLLEN?

Obwohl Veränderungen innerhalb der grossen Religionsgemeinschaften zwingend und dringend notwendig wären, wird sich wohl auch innerhalb des nächsten Jahrzehnts kaum Grundlegendes ändern. Die Machtstrukturen sind zementiert und etabliert. Niemand – die schweigende Mehrheit? - zeigt Interesse und hat zudem das Potenzial, um echte Alternativen aufzubauen, welche die etablierten Religionsgemeinschaften tatsächlich zu Kursänderungen, insbesondere Änderungen der Substanz, auffordern oder gar zwingen könnten, wie dies zuletzt anlässlich der Reformation im 16. Jahrhundert erfolgte.

Die momentan stattfindenden Befreiungskämpfe in arabischen Ländern geben „Demokratie" und Menschenrechte als ihr gemeinsames Ziel an. Die nahe Zukunft wird zeigen, wie weit die Forderungen der zumeist jungen „Rebellen" nach Demokratie, nach Mitsprache, gehen werden. Wird diese gewünschte Demokratie wohl auch ihre Religion tangieren im streng hierarchisch religiösen Bereich? Könnten dann nicht auch andere Religionsgemeinschaften revolutionieren?

Falls diese „arabische Revolution" auch in den religiösen Bereich hinein getragen würde, müssten sich auch christliche Kirchen davor fürchten!

Die Aussichten auf rasche Veränderungen und Anpassungen sind nicht hoffnungsvoll. Die Zugehörigkeit zu einer Religionsgemeinschaft wird wohl weiterhin als Alibifunktion weiter bestehen.

Gehorsam oder Eigenverantwortung?

Wie reagiert die Katholische Kirche, wenn weitere Priester wie damals Pfarrer Franz Sabo von der Roeschenzer Kirchgemeinde sich der Bistumsleitung (damals Bischof Kurt Koch) widersetzen würden? das persönliche Gewissen über die Gehorsamspflicht stellen würden? Was würde geschehen, wenn Katholiken via Kirchgemeindeversammlung eine Basis-Demokratie im kirchlichen Bereich fordern würden? die Aufhebung der Herrschaft bis hin zur Unfehlbarkeit des Papstes? die Abschaffung des Zölibates? die Hierarchie in Frage stellen? die Beteiligung der Frauen im kirchlichen Dienst gleichberechtigt neben den Männern fordern? die vorgegebene Sexualmoral anpassen möchten? den Zwang zur uneingeschränkten Gehorsamkeit abschaffen möchten?

Die katholische Kirche leidet unter Priestermangel. Viele junge Theologiestudenten wollen sich nicht mehr „weihen" lassen. Als Pastoralassistenten haben sie zwar nicht die gleiche Stellung wie ein ordinierter Priester, aber sie sind ein Stück weit auch freier und unabhängiger. Diese Tendenz könnte auch als Aufweichung der bisherigen starren Strukturen gedeutet werden.

Wie wäre es, wenn sich Leute (das heutige Kirchenvolk) statt innerhalb von autoritären Machtgebilden in freien Gruppen zusammenfinden und diese Grundfragen nach dem Sinn des Lebens und seinen Konsequenzen gemeinsam diskutieren und erörtern würden? Und dies ohne jeglichen Zwang zu Konsequenzen – das wäre Glaubensfreiheit. Jeder zieht seine Schlüsse daraus und trägt seine Verantwortung. Aber auch dazu braucht es irgend eine Organisation.

Eine „mitmenschliche" Religion sollte womöglich unentgeltlich bezw. „kostengünstig" eine Lebenshilfe anbieten, insbesondere ohne Bedingungen, ohne zwingende Mitgliedschaft, alle Freiheit beim „Gläubigen".

- Wie wäre es, wenn ein mutiger Papst oder eine mit der Basis fest verbundene Bischofskonferenz über „ihre Bücher" gehen würde, schwerwiegende Fehler eingestehen und Unwahrheiten korrigieren würde? Sie könnten an Ansehen gewinnen und auch <u>Menschen</u>, die kirchenmüde sich losgesagt haben von ihrer Religion. Eine Alternative wäre ein Zwang zu Reformen durch Druck von der Basis her, der allerdings nur schwierig zu steuern wäre und mit unabsehbaren Folgen → vielleicht könnte „das Kind mit dem Bad ausgeschüttet werden"?

- Dasselbe trifft in analoger Weise auch auf alle andern grossen Religionen zu.

Drewermann Eugen, *1940, Theologe, Psychotherapeut und Privatdozent an der theologischen Fakultät Paderborn: „Nicht die Natur zu erklären, einzig das Rätselwesen Mensch zu begründen, bildet die Aufgabe und den möglichen Grund der Religion". 1992 wurde Drewermann die katholische Lehr- und Predigtbefugnis entzogen; zudem wurde er vom Priesteramt suspendiert.

Den beiden „Antipoden" Emotionen und Intellekt/ Wahrheit wurde deshalb in dieser Schrift breiten Raum gewährt. Sie sind immanent im Mensch und <u>widersprüchlich wirksam</u>.

Der Aufstand in den nordafrikanischen Staaten hat die Wirkung der neuen Kommunikationsmittel in einem neuen Licht erscheinen lassen. IT kann in der Hand einiger „Aktivisten" zu einem Macht-Instrument von noch ungeahntem Ausmass werden. Vor diesem Hintergrund sind die angeführten Fragen nicht mehr nur bedeutungslose Nebensächlichkeiten oder gar Utopien.

Kulturgemeinschaften statt Religionsgemeinschaften?

In der Schweiz zeichnet sich nach der glorifizierten „Multi-Kulti-Gesellschaft" der 60er Jahre eine neue Art der Unzufriedenheit den Einwanderern gegenüber ab: mit dem Islam ist neben einer „unbekannten Religion" auch eine neue, bisher unbekannte Kultur eingewandert, die der Unsrigen in vielen alltäglichen Situationen widerspricht oder nur schwer verstanden wird; ein besonderes Problem besteht zwischen dem Koran und unserem Demokratieverständnis. Die früheren Fremden aus dem christlichen Italien, Spanien oder Portugal erscheinen uns plötzlich viel ähnlicher, Muslime aber als unbekannte Fremde, welche unsere traditionelle Kultur „bedrohen" könnten. In Sorge um die Erhaltung bisheriger und bewährter Werte hat sich auch eine gewisse Verunsicherung gegenüber Fremdem und Fremden breit gemacht. Die Grenze zu Fremdenhass ist dann nicht mehr weit und daher politisch brisant.

Die meisten Menschen wünschen sich eine Verbindung zu etwas Höherem, nach Gott, nach Spiritualität. „Freikirchen", insbesondere in den USA, zelebrieren ihre Gottesdienste mit einer sehr starken Ansprache an Emotionen.

Die Aussichten auf rasche fundamentale Veränderungen geben zur Zeit nicht zu viel Hoffnung Anlass. Gefahr droht in einer Zersplitterung in freie und vielleicht auch radikale Gruppen. Der Sinn für Gemeinschaft geht dabei verloren. Eine einsichtige innere Erneuerung der grossen Religionsgemeinschaften wäre wahrscheinlich am erfolgreichsten und mit Nutzen für alle Menschen. Die Macht muss demokratisch geteilt werden!

Einzig die grossen, aber fundamental erneuerten Religionen sind in der Lage, einen Sittenverfall zu verhindern und Richtlinien für ethisches Verhalten zu fördern.

EIN TRAUM

Wieder einmal versammeln sich die Kardinäle zum Konklave im Vatikan zur Wahl eines neuen Papstes. Nach längeren ergebnislosen Wahlen tritt endlich weisser Rauch aus dem hehren Raum im Vatikan. Ein zivil gekleideter Mann, ein Smartphone in seiner linken Hand, mit beiden Füssen auf dem Boden stehend, mischt sich unters wartende Volk auf dem Petersplatz und verkündet als neu gewählter Papst „Glasnost" (Transparenz, Offenheit) in 146 Sprachen. Erinnerungen an den Frühling 1985 in Russland wurden wach. Er verzichtete auf den Segen „Urbi et Orbe". Statt dessen beruft er schleunigst ein neues Konzil ein, aber diesmal ohne die Kirchenfürsten, nur mit Laien besetzt. Er wählte Leute zwischen 20 und 60 oder 70 Jahren, gleichmässig verteilt übers Alter und Geschlecht, Kranke und Behinderte, aber auch Gesunde, Arme und Reiche und verschiedene Rassen. Dieses Gremium sollte dann alle Grundlagen-Dokumente der Katholischen Kirche überprüfen auf Wahrheit und nichts als die Wahrheit. Ebenso müssen alle nicht einlösbaren Versprechungen und Offenbarungen klar gestellt werden. Vergangenes muss in der heutigen realen Welt standhalten. Vorrangig sollten Probleme zu den Grundfragen über Leben und Tod erörtert und mögliche Antworten gefunden werden. Die vielen in den verfügbaren biblischen Dokumenten enthaltenen Lebensweisheiten für ein sinn- und hoffnungsvolles sowie Gott gefälliges Leben sollten zusammen mit den gefundenen Wahrheiten in einem kleinen Heft zusammengefasst werden in einer Weise, die für alle Interessierten lesbar und verständlich sind. Nach abgeschlossener Arbeit sollte dann das Kirchenvolk demokratisch seine Repräsentanten wählen.

Danach bin ich erwacht und habe wiederum in der Tagesschau im Fernsehen Kirchenmänner mit wehenden farbigen Gewändern und weit überhöhten Hüten in einer langen pompösen Prozession auf dem Petersplatz gesehen. Doch dieser Traum verlässt mich nicht mehr; er erscheint mir immer wieder.

Wer hätte noch zur Zeit des Sowjetischen Präsidenten Breschnew nur im Traum daran gedacht, dass sich in der Sowjet-Union so rasch eine fundamentale Veränderung anbahnen könnte? –

1985 Gorbatschow: Glasnost (Offenheit)

1986 die Einleitung der Perestrojka (Umbau, Umgestaltung)

FÜR MICH PERSÖNLICH

Ich bin auf der Suche nach **Wahrheit**, nach den Grenzen der Wahrheit, nach möglichen oder zumindest plausiblen Antworten auf Fragen zum möglichen <u>Sinn meines Lebens</u> und damit auf Konsequenzen für <u>meinen Lebenslauf</u>. Bewusst verbreitete Halb- und Unwahrheiten sind mir zuwider. Ich suche die Grenzen meines Wissens und versuche, darauf meinen Glauben und meine Hoffnungen aufzubauen. Auch ich schwanke zwischen aufkommenden Emotionen und meinem rationalen Verstand; das ist unser „normales" Leben. Ich möchte mit dem Transzendenten, dem Schöpfer-Gott kommunizieren, doch ich kenne die notwendige „Sprache" nicht und kann keinen menschlich verständlichen Feedback bekommen. Ich „bete" nur mit meinen Gedanken und nicht mit gesprochenem Wort – versteht Er dies wohl? Versteht Er meine Sprache? auch diejenige aller andern Völker? und auch diejenige der andern gleichwertigen Geschöpfe, Tiere und Pflanzen? Auch diese Frage soll nicht ausgeklammert werden, solange es keinen triftigen Grund gibt, der den Mensch als alleiniges Wesen über den übrigen Lebewesen stehend ausgibt.

Vielleicht müsste ich gewisse Ereignisse in meinem Leben als „entsprechende Zeichen" im Plan Gottes (aber weder als menschliche Strafe noch als Belohnung!), als einen Hinweis für mein Verhalten auffassen, aber eben nur vielleicht! Nach mehreren hintereinander folgenden „Glücksfällen", z.B. im Verkehr, Gesundheit, im Beruf, Familie, etc. kann man sich schon fragen, geschah dies alles im Rahmen des Chaos, des Zufalls, im Ablauf der weltlichen Entwicklung? Oder war mir „Jemand" besonders wohlgesinnt? so eingeplant? oder soll ich im Extremfall sogar von „Wunder" sprechen? – kaum.

Meine Lebenszeit ist begrenzt; wie kann ich ihr Sinn geben und sie sinnvoll nutzen? Worin liegt die Bedeutung der Zeit? Sie fliesst vorbei und ist unwiederbringlich; auch Ruhe ist vergängliche Zeit. Philosophie und Religion fliessen ineinander. Solche Fragen innerhalb einer Gemeinschaft mit ähnlichen Bedürfnissen, ähnlichen zivilisatorischen und kulturellen Voraussetzungen, ähnlichen Fragestellungen zu diskutieren und mögliche Lebenswege zu suchen, könnten unsere Gesellschaft „**menschlicher**" machen, kirchliche Machtstrukturen abbauen oder gar überflüssig werden lassen.

Wenn wir uns schon von den Tieren abgrenzen wollen, dann sollten wir das Unmenschliche wie Kriege, Diktaturen, Tyrannei, Missachtung von fundamentalen Menschenrechten, auch Tierquälerei usw. überwinden durch geeignete starke „menschliche Gemeinschaften".

Geist und Seele:

Wenn wir davon ausgehen, dass dort, wo unser Wissen seine Grenze findet, das Glauben beginnt, dann können auch Unwahrheiten im religiösen Bereich erkannt und bereinigt werden. Dieses Glauben wird dann vorwiegend von Emotionen getragen, denn der Intellekt findet nur Ideen, Wunschvorstellungen und Hoffnungen.

So bleibt mir rein „gefühlsmässig" und vorläufig nichts anderes übrig, gleich einem Kind, welches voll und ganz auf die Liebe und Pflege sowie das Wohlwollen seiner

Eltern angewiesen ist, mit Gedanken und Worten als Gebet und mit „guten Zeichen" aus moralischer Sicht dem unerreichbaren Schöpfer **zu danken**. Die guten Zeichen, die christliche Nächstenliebe, das friedliche Miteinander, sind dann meine Leitlinien fürs Leben.

Ich versuche, nur das für mich persönlich wertvolle Gedankengut aus der christlichen Religion aufzunehmen, zwar im Wissen um die zu vielen angeführten Probleme, deren Entstehung und Vergangenheit, dem unausweichlichen Tod, und daraus mit dem heutigen Wissen mein zukünftiges Verhalten, meinen neuen Lebenssinn zu finden.

Ich suche auch „Lebenswertes" aus andern Religionen; der Buddhismus ist beispielsweise eine lesenswerte und sehr anregende Fundgrube. Buddhismus wird allerdings von Vielen nicht als Religion anerkannt, weil explizit kein Gott beschrieben wird. Vielleicht müssen die Begriffe Religion, Philosophie und Kultur überdacht werden.

Gebet

Zum Schluss muss noch die folgende Bemerkung angefügt werden: Was mich im Gebet, welches Jesus zugeschrieben wird, dem „Unser Vater / Vater Unser" stört, ja nicht verstanden wird, ist das Fehlen eines Dankes. Als wohlerzogener und in der christlichen Kultur aufgewachsener Mensch ist für mich ein Dank das sowohl Wichtigste wie auch das Minimste, wie ich auf ein erhaltenes Geschenk reagieren kann; es ist der Respekt gegenüber dem Schenkenden – hier dem Schöpfer. Mein bisheriges Leben, mein Umfeld mit Eltern, Geschwistern, Bekannten und Freunden, meine Gesundheit, mein Schutz vor den vielen Gefahren, vor Not und Leid - diese Liste liesse sich beliebig erweitern – sind für mich <u>Geschenke</u>. Dafür bin ich <u>dankbar</u>. Dagegen kommt mir das „Vater Unser" eher vor wie ein Forderungskatalog! Die ausschweifende und in der Terminologie heute schwer verständliche Huldigung am Anfang des Gebetes wäre für eitle Kaiser, Könige und andere Herrscher angebracht, also für Menschen; in dieser Form aber kaum für einen allmächtigen Schöpfer-Gott. Als kleines hilfloses Wesen, ein Staubteilchen im Universum, kann ich im Gebet doch eigentlich <u>nur danken</u> für Alles, was ich täglich und in meinem bisherigen Leben bekommen habe! Auch wenn ich diesen Gott nicht kennen und begreifen kann!

AUSBLICK

Hoffnung und Trost

Religion setzt dort ein, wo unser Wissen seine Schranken findet. Insofern können Offenbarungen von Religionen niemals die Wahrheit behaupten, was den Tod betrifft, weil niemand diese kennt; sie ist mit dem Intellekt nicht erfassbar. Der Tod bleibt für immer ein Geheimnis. In Kenntnis dieser Situation braucht der Mensch trotzdem emotional eine Hoffnung für sein Leben und seine Zukunft, eine Wunschvorstellung, einen Glauben. Dieser „Glaube" ist eine wichtige Quelle für ein gesundes und emotionales Leben; aber er darf von Niemandem vorgeschrieben werden, denn die Zukunft ist nicht vorhersehbar und bleibt ebenso ein Geheimnis. Für liebe Verstorbene sucht der Mensch Trost in seinem Glauben und verschieden je nach Glauben. Eine emotionale Beziehung zum Schöpfer, zu Gott, kann auf diese Weise und ohne äusseren Zwang hergestellt werden. Ist dies nicht ein Ziel von Religionen? Vielleicht war dies in den Anfängen einer Religion auch der Fall, bis diese „Glaubensgemeinschaften" institutionalisiert wurden und sich dann zu einem problematischen Machtgebilde entwickelt haben.

Offenbarungen oder Kenntnis unserer Natur?

Wäre es nicht ehrlicher, an Stelle von behaupteten und damit unsicheren Offenbarungen zum Tod, dieses Geheimnis zu akzeptieren und damit auch unseren Tod mit demjenigen aller übrigen Lebewesen zumindest in Gedanken aufzunehmen? Es besteht kein triftiger und ausreichender Grund, dass der Mensch innerhalb aller Lebewesen auf Erden <u>vom Schöpfer eine Sonderbehandlung</u> erwarten kann!

Aufgabe der Religionen wäre es dann, Wege für ein „menschenwürdiges Dasein auf der Erde" zu suchen und aufzuzeigen trotz offenen Fragen zum Tod.

Menschenunwürdig sind insbesondere Kriege zwischen Angehörigen verschiedener Glaubensgemeinschaften, aber auch ausbleibende Hilfe für notleidende und hilfebedürftige Menschen. Dazu braucht es tatkräftige Persönlichkeiten, die schöne und hoffnungsvolle Worte auch in Taten umsetzen könnten.

Auch der Ausdruck „<u>Seelsorger</u>" könnte so eine neue Bedeutung, eine Aufwertung erlangen und eine tatsächliche Lebenshilfe für Menschen bilden.

Seelsorger könnten dann <u>alle Mitglieder</u> einer Gemeinschaft im Sinne von christlicher Nächstenliebe sein.

Wenn es gelingt, das Wesen „Religion" mit all ihren teils obsoleten Grundlagen, „Heiligen Schriften" und dem inhärenten Formalismus und Ritualen zu hinterfragen, zu reflektieren, dann ist das Ziel dieses Aufsatzes mehr als erfüllt!

SCHLUSSWORT

Die vorliegenden persönlichen Notizen zum Thema Religion dienten mir ursprünglich nur zur Schaffung einer <u>begrenzten Auslegeordnung</u>, zu einer besseren Übersicht. Es ist die Sicht eines profanen und religiös interessierten Laien Mit zunehmendem Umfang dieses Scripts tauchte immer wieder die Frage auf: bin ich allein mit meinen vielleicht eher kritischen und prüfenden Gedanken oder gibt es noch andere Menschen, ebenfalls auf der Suche nach Antworten zum Leben und zum Tod, die meine Ansichten und Fragen teilen, ev. nur teilweise oder auch solche, die meine Ausführungen begründet ablehnen und fundiert widerlegen? Dies könnte mir und vielleicht auch andern Menschen weiter helfen. Dazu müsste dieser Aufsatz einem interessierten Publikum bekannt gemacht werden, um ein Echo zu erreichen. Könnten dadurch gewisse Leute in ihrem Glauben verletzt werden? dies möchte ich unter allen Umständen vermeiden. Zerstören und Missionieren sind mir ein Graus.

Vielleicht möchten oder. wünschten sich mit mir noch andere Menschen <u>Antworten</u> von Gott auf die in dieser Schrift angeführten Fragen zum Leben. Religionen behaupten einfach, die Antworten zu kennen, sie von Gott erhalten zu haben. Effektiv sind es Gedanken, Glauben oder eine Hoffnung von einzelnen, wahrscheinlich guten und sogar vorbildlichen Menschen aus längst vergangenen Zeiten.

Ein breiter Lösungsansatz fehlt oder wurde nur angedeutet – einiges gilt nur für mich. Lösungsansätze für die anstehenden Fragen sind nur **interdisziplinär und in Gemeinschaften zielführend und effizient anzugehen. Wünschenswert wäre eine breite Diskussion mit der Basis, dem Kirchenvolk, im Rahmen von „Gottesdiensten" – eine andere Art Gottesdienst!** statt der heutigen Einbahn-Kommunikation. Und es braucht mutige, religiöse Pfarrer, Seelsorger, Prediger, - nahe beim Kirchenvolk - welche ihr Verantwortungsbewusstsein über die Gehorsamspflicht setzen, wie die damaligen Reformatoren des Christentums.

Die Mächtigen werden nie auf ihre „Privilegien" und ihre Rechte verzichten und deshalb auf Druck immer nur kleine Retuschen in ihrem System anbringen – Änderungen im formalen Bereich. Für die grossen Fragen nach dem Sinn des Lebens wird es auch <u>nie nur eine Antwort</u> geben; es <u>bleibt immer beim Glauben und Hoffen</u>.

Es wäre die hehre Aufgabe von Theologen, also <u>freien, unabhängigen und nicht vorbelasteten Wissenschaftern</u>, aus einer begrenzten Auslegeordnung eine aktuellere und der <u>Wahrheit</u> verpflichtete Religion zu beschreiben, welche die aus heutiger Kenntnis unsinnigen und unnötigen Streitereien, Menschenrechtsverletzungen, Hass und Kriege mit rationalen und überzeugenden Argumenten schlichten und letztendlich verhindern könnten. Der teilweise irrationale Formalismus und seine Rituale sollten weltweit infrage gestellt und überprüft werden. Die <u>Diskrepanz</u> zwischen unserem religiösen Leben <u>in der Zeit vergangener Jahrhunderte</u> oder gar Jahrtausende und dem <u>übrigen komfortablen Leben</u> in der aktuellen „<u>Jetztzeit</u>" bleibt ein Rätsel und sollte <u>hinterfragt</u> werden.

Aber ebenso wichtig wäre eine religiöse Gemeinschaft, die zusammen in eine neue Welt aufbrechen möchte und aktiv an einer Umgestaltung der veralteten Machtgebilde mitwirken will. Die „schweigende Mehrheit" darf nicht weiter schweigen; sie muss sich artikulieren und engagieren. Dazu muss sie sich informieren, nicht nur über die eigene Kirche, nein auch über diverse andere Religionen und ihre Geschichte. Aber wo sind Journalisten und Autoren, die in diesem Feld mithelfen und wirklich informieren, statt nur mit alltäglichen News, kurzlebigen Geschichten und Romanen zu unterhalten?

Ein hoch effizienter Weg zu einer breiten und weltweiten Streuung von ehrlicher und wahrhaftiger Lebenshilfe könnte vielleicht auch mit Hilfe der modernen „social medias" unterstützt werden. Aber wo sind die Initianten?

Wolfram Meierhöfer, geb. 1939 im Thurgau, Schweiz, absolvierte ein Lehrerseminar. Nach einigen Lehrjahren schloss sich ein Studium der Naturwissenschaften an der Universität Zürich mit Hauptfach Chemie an. Im Anschluss an die Promotion folgten Anstellungen im Bereich Forschung und Entwicklung, später als Leiter Forschung und Entwicklung in einem internationalen Konzern. In einer kantonalen Verwaltung war er Amtsleiter für den Bereich Oekologie. An der Hochschule für Wirtschaft in Zürich wurde er zum Professor ernannt. In den letzten Jahren vor der Pensionierung gründete er mit Partnern das „Institut für Bildungsoekonomie", eine Beratung für Bildungsfragen.

Verheiratet; zwei Söhne. Heute in Pension im Thurgau, Schweiz.